Carl Sewell / Paul B. Brown

Kunden fürs Leben

Carl Sewell / Paul B. Brown

Kunden fürs Leben

Die Erfolgsformel
für mehr Service und Kundenzufriedenheit

GABLER

Die Deutsche Bibliothek - CIP-Einheitsaufnahme

Sewell, Carl:
Kunden fürs Leben : die Erfolgsformel für mehr Service und Kundenzufriedenheit / Carl Sewell und Paul B. Brown. [Übers. aus dem Engl.: Wilhelm Arming]. - Wiesbaden : Gabler, 1996
Einheitssacht.: Customers for life <dt.>
ISBN 3-409-19564-5
NE: Brown, Paul B. [Bearb.]

Aus dem Englischen von Wilhelm Arming.
Titel der Originalausgabe: Customers for life: how to turn that one-time buyer into a lifetime customer.

Der Gabler Verlag ist ein Unternehmen der Bertelsmann Fachinformation.
Lektorat: Peter Rohde

Höchste inhaltliche und technische Qualität unserer Produkte ist unser Ziel. Bei der Produktion und Verbreitung unserer Bücher wollen wir die Umwelt schonen. Dieses Buch ist auf säurefreiem und chlorfrei gebleichtem Papier gedruckt. Die Einschweißfolie besteht aus Polyäthylen und damit aus organischen Grundstoffen, die weder bei der Herstellung noch bei der Verbrennung Schadstoffe freisetzen.

Umschlaggestaltung: Schrimpf und Partner, Wiesbaden
Satz: satz + text C. Neumann, München
Druck und Bindung: Wiener Verlag, Himberg
Printed in Austria

ISBN 3-409-19564-5

Dieses Buch ist selbstverständlich für Peggy, Jacquelin und Carl. Es ist Erik Jonsson, Stanley Marcus, Bob Moore, John Sewell und meinem Vater gewidmet.

Und Shannon Rachel Peck Brown, weil sie dieses Mal an der Reihe ist.

Inhaltsverzeichnis

Vorwort zur deutschen Ausgabe

„Wenn der Kunde fragt, ist die Antwort immer ja"– lautet eines der Erfolgsrezepte des Amerikaners Carl Sewell, mit denen er aus Neukunden und Interessenten Kunden fürs Leben macht. Doch ist das wirklich alles? Dafür, daß „König Kunde" auch in Deutschland geflügeltes Wort ist, halten sich hierzulande erstaunlich wenig Unternehmen an dieses Gebot.

Den entscheidenden Unterschied zeigt Top-Unternehmer Sewell in seinem ausgesprochen praxisnahen Leitfaden für die perfekte Kundenbindung: Erfolgreiche Unternehmen leben diesen Satz, haben ihn verinnerlicht, quer durch alle Abteilungen, überzeugt praktizert von jedem Mitarbeiter – vom Portier über den Vertriebsprofi, den Mitarbeiter an der Hotline bis – auch darauf geht Sewell ein – zum Toilettenpersonal.

Sewells Terrain ist die Automobilbranche – er selbst trägt die Auszeichnung des besten Automobilhändlers Amerikas –, doch seine Beispiele und Tips aus dem Leben und für den Umgang mit dem Kunden sind übertragbar auf jede andere Branche.

Mit durchaus amerikanischer Brille zeigt der erfolgreiche Selfmademan Sewell, wie Sie Ihr Unternehmen kundenorientiert führen, Ihre Mitarbeiter motivieren, sie vom Servicegedanken überzeugen und Ihre Servicequalität permanent prüfen und optimieren.

Dabei ergreift Sewell nicht nur Partei für den Kunden, sondern stellt auch den Mitarbeiter ins Zentrum unternehmerischen Denkens und Handelns. Hauptaufgabe des Managements: die Balance zu halten zwischen absoluter und dennoch ehrlich gelebter Kundenorientierung und der Gefahr des „Ausverkaufs" der Mitarbeiter. So beschäftigt sich ein Kapitel ausdrücklich mit der erfolgsabhängigen (Sewell nennt sie „partnerschaftliche") Entlohnung – und zwar nicht nur für Mitarbeiter im Verkauf, sondern für alle Angestellten.

Sewells Ansätze sind sicherlich nicht nur in diesem Punkt ungewöhnlich; seine Forderungen für deutsche Verhältnisse bisweilen extrem. Doch der Erfolg gibt ihm recht, und sein Beispiel zeigt, was auch deutsche Unternehmen künftig leisten müssen, um Kundenwünsche zu befriedigen und optimalen Kundenservice zu bieten.

Eine praxisnahe, lebendig geschriebene Lektüre, die zu nutzen sich für jeden empfiehlt, der sein Unternehmen für den Dienst am Kunden fit machen will.

Annette Barbara Mühlberger
Chefredakteurin
SALES PROFI –
DAS MAGAZIN FÜR VERKAUF UND VERTRIEB

Vorwort von Tom Peters

Ein ganzer Abschnitt – vier Kapitel – dieses außergewöhnlichen Buches ist den genauen Kundenwünschen gewidmet. Ein anderes Kapitel handelt von Toiletten, ein weiteres von exakten Terminvereinbarungen und deren Auswirkungen auf Kundenzufriedenheit. Ein anderes Kapitel beschäftigt sich ausschließlich mit der Beschilderung.

Und das alles von einem Mann, der sein Geschäft von 10 Millionen Dollar im Jahr 1968 auf derzeit 250 Millionen Dollar ausgeweitet hat, mit einem Gewinnanstieg in der gleichen Größenordnung. Carl Sewell verkauft Autos – Cadillac, Hyundai, Lexus und Chevrolet. Sein Kundenzufriedenheitsindex ist in der Autoindustrie vergleichbar mit einer Beschleunigung von 0 auf 100 km/h in fünf Sekunden. Er führt nicht nur das Spitzenfeld an, er definiert den Begriff „das Beste“ immer wieder neu.

Manchmal stößt man in diesem umwerfenden Buch auf ganz einfache Weisheiten: Verrechnen Sie Ihrem Kunden nichts, was Sie einem Freund nicht auch verrechnen würden. (Dies bedeutet, daß ein Mechaniker – sie stehen auf Abruf 24 Stunden am Tag, sieben Tage die Woche – auch mitternachts zum Flughafen von Dallas fährt, um einen abgebrochenen Schlüssel aus dem Zündschloß zu entfernen und einen Nachschlüssel anzufertigen, kostenlos.) Moral: Legen Sie Ihre Geschäftsrichtlinien durch folgende Frage fest: „Wie würde dieser Vorfall als Schlagzeile in der morgigen Zeitung wirken?“

Es ist manchmal verblüffend: Sewell schwört auf psychologische Tests für potentielle Mitarbeiter. Doch ausschlaggebend ist: Rutscht der Bewerber während des Vorstellungsgesprächs auf dem Sessel herum? Er liebt energievolle Menschen. Wenn Sie während des Bewerbungsgesprächs ruhig sitzen bleiben können, sind Sie nicht sein Fall.

Carl Sewell setzt seit Jahren die Standards für den Kundendienst von Autohändlern (ein Oxymoron?). Angefangen hat es damit, daß er auch samstags die Werkstatt geöffnet hatte und einige Gratis-Leihwagen für die Kunden bereitstellte, an deren Autos gerade gearbeitet wurde. Inzwischen hat sein Cadillac-Händler 150 Leihwagen (seine Hyundai-Firma hat ebenfalls Leihwagen). Aber er ruht sich nicht auf seinen Lorbeeren aus: Die Cadillac- und Lexus-Vertretungen haben kürzlich einen Assistenten für jeden Verkäufer eingestellt, der dem Kunden einen Leihwagen nach Hause bringt und dessen Auto zur Reparatur oder zum Kundendienst abholt.

Sewell hat eine Straßenreinigungsmaschine gekauft, um sicherzugehen, daß die Straßen vor seinem Händlerbetrieb immer sauber sind. Die städtische Reinigung reichte ihm nicht aus (laut Sewell ist der erste Eindruck besonders wichtig, und das wird besonders oft ignoriert). Dann hat er noch das Restaurant „Celebration" dazu gebracht, eine Filiale in einem seiner Händlerbetriebe zu eröffnen. So sind die Kunden beschäftigt, die auf ihr Auto warten wollen.

Das alles sind wundervolle Einzelheiten, zusammen ergeben sie eine mitreißende Geschichte über die Möglichkeiten eines einzigartigen Kundendienstes; sie erklären, warum er sich bezahlt macht.

Seine Idee und sein Einsatz haben sich sowohl bei Hyundai- als auch bei Chevrolet-, Cadillac- und Lexus-Handelsbetrieben bewährt. Ich möchte hinzufügen – auch wenn er es nicht tut –, daß sie sicher auch bei Restaurants mit 20 Tischen und großen Computerherstellern genauso gut funktionieren würden.

Aber das Buch hat auch eine andere Seite: „Systeme statt Lächeln" lautet die Überschrift eines Kapitels. Sewell schreibt zwar seitenweise darüber, wie wichtig es ist, sich nach einem Fehler zu entschuldigen. Aber er zeigt auch auf, daß sein Bestreben – so wie das von Sam Walton bei Wal-Mart und Stew Leonard bei Stew Leonards – alles andere als Unsinn ist. Es stellt sich heraus, daß Sewell ein begeisterter Pionier der Computer-Anwendung ist. Seine Mechaniker arbeiten vor allem deshalb so schnell, weil das richtige Ersatzteil immer am richtigen Ort ist, und das zum richtigen Zeitpunkt – dank eines erstklassigen Lagerhaltungsprogrammes. Der Computer ermöglicht es auch, ein Kundenauto ohne Probleme schnell auf dem riesigen Parkplatz wiederzufinden.

Sewell mißt einfach alles (siehe Kapitel 18) und jeden. Außerdem bezahlt er alle nach Provision – auch die Autowäscher. Die Angestellten können viel Geld verdienen und haben sehr gute Aufstiegsmöglichkeiten, aber auch die an sie gestellten Ansprüche sind enorm hoch. So wie bei den Firmen Nordstrom und Apple Computer gibt es bei Sewell keinen Platz für Zaghafte.

Carl Sewell gibt provozierende Ratschläge für das Führen eines Unternehmens, wie man den richtigen Ton trifft, wie man seine Visionen leben kann bis hin zur Ethik und das Feiern der Erfolge von Angestellten. Er gibt auch sein Erfolgsrezept preis: Diebstahl! Bevor Sewell vor Jahren seinen Händlerbetrieb eröffnet hat, besuchte und inspizierte er systematisch die besten Händlerbetriebe. Heute verwendet er die verschiedensten Ideen von Marriott, American Airlines, The Mansion in Turtle Creek, Chuck E. Cheese, Stew Leonard, Neiman-Marcus etc.

Ich befürchte nur, daß Carl – mit der Hilfe von Paul B. Brown – alles ein wenig zu einfach darstellt. Ehrlich gesagt, seine wundervollen Anekdoten sind so farbig ausgemalt, daß sie beinahe von den weisen, anspruchsvollen Beobachtungen und Überlegungen über Bewerberauswahl, Bezahlung, Motivation, Maßsysteme für Leistung etc. ablenken. Es ist schwer, nicht von den 250-Dollar-Tapeten, welche die Toilettenanlagen seines Cadillac-Händlerbetriebes zieren, so gefangengenommen zu werden, daß man die täglichen Qualitätsbesprechungen, für das Suchen nach Mustern von wiederkehrenden Problemen und Sewells sorgfältige Studie über japanische Qualitätsprüfer vergißt. (Sewell leistete Pionierarbeit, indem er die japanischen Produktionsideen auf den Dienstleistungsbereich übertragen hat.)

Kurz gesagt, dieses Buch ist genauso anspruchsvoll und nüchtern wie einfach und amüsant. Die Sprache ist einfach, doch der Inhalt ist alles andere als einfältig. Ein weiteres Problem für mich ist, daß viele Leser dieses Buch als reines „Auto-Buch" betrachten werden. In der Tat, man muß es Sewell zugute halten, daß er seinen Einfluß als erfolgreicher Geschäftsmann nicht ausnutzt, um zu Problemen wie der nationalen Verschuldung, der K-12-Bildungskrise (vom Kindergarten bis zur 12. Schulstufe) oder sogar dem Cola-Krieg öffentlich Stellung zu nehmen. Er bleibt bei dem, was er weiß. Doch ich kann mir nicht vorstellen, daß es irgendein Geschäft (bzw. einen Geschäftsmann/-frau) gibt, das von diesem Buch nicht profitieren könnte. Ich möchte es Freunden von mir geben, die bei Hewlett-Packard oder Apple arbeiten, aber auch Einzelhändlern, Bankiers und sogar ein paar Geistlichen.

In diesem Buch versteckt sich nichts Geringeres als eine voll ausgereifte Theorie über Management und Kundenservice. Jedes Unternehmen könnte davon profitieren. Ich ermutige Sie, sich darin zu vertiefen, sich dabei zu amüsieren, darüber nachzudenken – und sofort zu handeln.

Die zehn Gebote der Kundenbetreuung

1) **Halten Sie die Beziehung zu Ihren Kunden lebendig**

   Fragen Sie die Kunden, was sie wollen, und geben Sie es ihnen wieder und immer wieder.

2) **Systeme statt Lächeln**

   Höflichkeit garantiert nicht, daß Sie alles immer beim ersten Mal richtig machen. Nur systematisches Vorgehen garantiert Ihnen das.

3) **Weniger versprechen, mehr halten**

   Kunden erwarten, daß Sie Ihr Wort halten.
   Übertreffen Sie es.

4) **Wenn der Kunde fragt, ist die Antwort immer ja.**

   Punkt.

5) **Entlassen Sie Ihre Qualitätsprüfer und Ihre Abteilung für Kundenbeziehungen**

   Jeder Angestellte, der mit Kunden umgeht, muß auch die Kompetenz haben, Reklamationen zu behandeln.

6) **Keine Reklamationen? Irgend etwas läuft falsch.**

   Ermutigen Sie Ihre Kunden, Ihnen zu sagen, was sie falsch machen.

7) **Messen Sie alles**

   Baseballmannschaften machen es. Fußballmannschaften machen es. Sie sollten es auch tun.

8) **Festgehälter sind unfair.**

   Bezahlen Sie Ihre Leute wie Partner.

9) **Denken Sie an Ihre Kinderstube.**

   Zeigen Sie den Leuten Ihren Respekt. Seien Sie höflich. Das wirkt.

10) Machen Sie es wie die Japaner

Lernen Sie, wie es die Besten wirklich machen; machen Sie deren System zu Ihrem eigenen. Und dann verbessern Sie es.

Warnung: Diese zehn Regeln sind keinen Groschen wert . . . falls Sie keinen Gewinn machen. Sie müssen Geld verdienen, um im Geschäft zu bleiben und guten Service bieten zu können.

Alles beginnt hier: Wie gut wollen Sie werden?

Die Japaner sind exzellente Gastgeber. Als ich kürzlich wegen der neuen Automobilausstellung in Tokio war, war jeder, den ich traf, sehr zuvorkommend und gastfreundlich. Ich konnte kaum verstehen, wie sie ihre Höflichkeit mit ihrer Aggressivität im Geschäftsleben in Einklang bringen.

Ich fand es letztlich aber heraus, als ich am Toyota-Stand war und hörte, wie ein junger japanischer Ingenieur erklärte, daß es ihr Ziel ist, „ichiban" (sprich: itch-e-bon) zu sein. Das heißt also Nummer eins, die Größten, die Besten.

Ich hörte diesen Satz immer wieder, wo im Lande ich auch hinkam. „Das ist die größte Bank der Welt." „Das ist die größte Maklerfirma." Und wir hatten natürlich soeben die größte Autoschau der Welt verlassen.

Ich bin in Texas geboren und aufgezogen worden und lebe noch immer in Dallas. Ich habe geglaubt, daß Texaner das exklusive Recht besitzen, die Besten und Größten zu sein. Aber wir sind es nicht mehr. Bestenfalls teilen wir diesen Anspruch. Die Japaner arbeiten darauf hin, die Nummer eins zu sein, und es scheint, als ob alles, was sie tun, von diesem Gedanken geleitet wird. Es ist ihnen gelungen, uns zumindest einen Teil dieses Titels wegzunehmen. „Ichiban" ist ausschlaggebend für ihren Erfolg. Und auch für unseren.

Die wichtigste Entscheidung, die wir jemals in unseren fünf Autohandelsniederlassungen trafen, war: die Besten zu sein. Schon lange Zeit bevor ich meine neuen Freunde in Japan traf, war das Konzept von „ichiban" wichtig für mich.

1967, nachdem ich die Armee verlassen hatte, begann ich ganztags bei Sewell Village Cadillac zu arbeiten. Damals gab es nur drei Cadillac-Händler in Dallas, und mit unseren Verkaufs- und Gewinnzahlen standen wir an dritter Stelle. Dies trieb mich zur Weißglut. Ich wollte die Nummer eins sein.

Zu diesem Zeitpunkt wußte ich es noch nicht, aber diese Entscheidung war der Wendepunkt unserer Firma. Bevor Sie überhaupt daran denken können, besseren Kundenservice anzubieten, müssen Sie festlegen, wie gut Sie sein wollen. Und wir wollten die Besten werden.

Diese Entscheidung machte unser Leben von nun an einfacher, angenehmer und entschieden gewinnbringender. Einfacher wurde es dadurch, weil ein Großteil der Debatten endete. Hier bei uns enden Diskussionen immer wieder mit der gleichen Frage: Werden wir dadurch besser werden? Wenn dem so ist (und man einen Weg findet, es sich leisten zu können), werden wir es machen. Falls nicht, machen wir es nicht.

Angenehmer deshalb, weil es mehr Spaß macht, mit Menschen zu arbeiten, die den gleichen Zielen verbunden sind. Leute, die nicht daran glauben, daß wir die Besten sein müssen, bleiben nicht lange bei uns.

Und profitabler – weil die Kunden genießen, wie wir sie behandeln, und sie wollen auch zurückkommen. Anstatt ein Auto von uns zu kaufen und dann für immer von der Bildschirmfläche zu verschwinden, kommen die Kunden immer wieder zu uns zurück, wenn sie ein neues brauchen.

Im Laufe seiner Lebenszeit läßt der Kunde eine anschauliche Summe Geldes bei uns, 322 000 Dollar, um genau zu sein. Nach einer Weile wird diese Art, sein Geschäft zu betreiben, zu einem Selbstläufer:

- Wenn Sie zu Ihren Kunden gut sind, werden sie zu Ihnen zurückkommen, ganz einfach, weil sie Sie mögen.
- Wenn die Kunden Sie mögen, werden sie mehr Geld ausgeben.
- Wenn sie mehr Geld ausgeben, werden Sie sie besser behandeln wollen (Sie können nicht genug für jemanden tun, der gewillt ist, 322 000 Dollar bei Ihnen zu lassen).
- Und wenn Sie sie besser behandeln, werden sie immer wieder zurückkommen, und der Kreislauf beginnt von vorne.

Tom Peters war es, der mir half, den „wahren Wert“ eines Kunden herauszufinden. Immer und immer wieder bestand Tom darauf, daß wir bei unserer Methode bleiben und somit dem Kunden immer näherkommen. Aber es hat eine Weile gedauert, bis ich herausfand, wie das geht. Alles, was ich anfangs wußte, war, daß wir der beste Händler in Dallas werden mußten. Und um dies zu werden, habe ich bald eingesehen, wir mußten Wege finden, uns von der Konkurrenz zu unterscheiden.

Zuerst dachte ich, daß wir billiger als alle anderen sein sollten, aber das ist nicht wirklich das, was die meisten Leute wollen. Sicher, jeder möchte ein gutes Geschäft machen, aber der Preis ist sehr selten der einzige Grund, ein Auto zu kaufen. Nach einem Restaurantbesuch erinnern Sie sich ja auch nicht, wieviel der Hamburger genau gekostet hat. Sie werden sich daran erinnern, ob er Ihnen geschmeckt hat oder nicht.

Wir können außerdem nicht ausschließlich auf der Preisbasis konkurrieren. Wieviel wir auch immer verrechnen, irgend jemand – vielleicht weil er gescheiter ist (er hat einen Weg herausgefunden, effizienter zu sein) oder dümmer (er weiß nicht, was seine wirklichen Kosten sind) – wird immer um einen Dollar weniger verlangen können.

Der Preis war also nicht die Antwort. Daher begann ich nach einer anderen Lösung zu suchen, und als ich gerade so dabei war, fing ich an, über unsere Firma aus der Kundensicht nachzudenken. Was ich dabei erkannte, war: die meisten Leute mögen keine Geschäfte mit Autohändlern machen. Sie freuen sich genauso auf uns wie auf den Zahnarzt.

Intuitiv wußte ich das, aber ich kannte der Grund nicht. Deshalb begannen wir Kunden zu befragen, was sie nicht mochten, und ziemlich oft sagten sie es uns, ohne ein Blatt vor den Mund zu nehmen.

Sie fanden die Öffnungszeiten – üblicherweise Montag bis Freitag von 8.00-17.00 Uhr – unbequem. Sie glaubten auch, daß einige unserer Angestellten unhöflich seien. Sie haßten es, ohne Auto auskommen zu müssen, während ihres zur Reparatur war. Und das allerschlimmste war, sie mußten öfters ihr Auto ein zweites oder drittes Mal zurückbringen, bis die Reparatur richtig ausgeführt war.

Einige von ihnen meinten, daß unsere Böden nicht so sauber seien, wie sie eigentlich sein könnten. Zusätzlich sahen unsere Möbel abgenutzt aus und waren nicht sehr bequem.

Ihre Angaben, wie wir Dinge verbessern könnten, waren nicht sehr genau, aber was sie nicht mochten, kam laut und deutlich bis zu uns durch.

Sie sagten uns, was wichtig ist. Sie erklärten uns, wie exzellenter Service auszusehen hat.

Nachdem wir einmal herausbekommen hatten, was unsere Kunden wollten, strengten wir uns an, ihre Wünsche zu erfüllen. Wir glaubten, wenn sie gerne mit uns Geschäfte machen würden – anstatt bei jedem Besuch mit den Zähnen zu knirschen –, würden sie möglicherweise öfter kommen.

Wir fingen damit an, ihnen Gratis-Leihautos zur Verfügung zu stellen, während wir an den ihren arbeiteten. Wir fingen mit fünf Leihautos an, und schließlich wuchs die Flotte auf 257.

Unsere Kunden verstanden auch nicht, warum wir nicht auch samstags ihre Autos reparierten – auch andere Geschäfte hätten schließlich am Samstag geöffnet. Zu Beginn der 70er Jahre bot kein einziger Händler im Land einen „offenen Samstag" an. Wir versuchten es, und am ersten Wochenende kamen 25 Leute, um sich bei mir zu bedanken. Und um ihr Leben noch einfacher zu machen, haben wir auch unsere Öffnungszeiten während der Woche geändert. Wir öffnen nun um 7.30 und schließen um 20.00 Uhr.

Andere Wünsche hingegen waren schwerer zu erfüllen. Wie konnten wir erreichen, daß die Arbeiten immer richtig ausgeführt wurden? Was war der beste Weg, um die Zeit, die sie in unserer Niederlassung verbringen mußten, möglichst zu verkürzen? Wie konnten wir jedes potentielle Problem, das in unserer Geschäftsbeziehung auftreten könnte, ausschalten?

Wir mußten Systeme finden, die sich um all das kümmern würden, aber wie? Ich versuchte aus jeder Quelle, die ich finden konnte, zu lernen – Berater, Bücher, Magazine – aber nichts half so sehr wie der Besuch von erfolgreichen Firmen. Wir verbrachten sehr viel Zeit mit Leuten aus der Automobilindustrie, wie Roger Penske und Bob Moore. Aber auch mit anderen Managern, die die verschiedensten Betriebe leiteten, angefangen bei Hotels (Marriott und The Mansion) über Restaurants (McDonald's und Lutèce) bis hin zu Fluglinien (American und Southwest). Wir wollten wissen, wie es ihnen möglich sei, jederzeit ein Produkt und einen exzellenten Kundenservice bereitzustellen.

Wir begannen mit dem Besuch von unseresgleichen – anderen Autohändlern. Wir riefen Dutzende von Leuten in unserer Branche an und fragten sie, wer die besten Autohändler seien. Beim Besichtigen dieser Händlerbetriebe und durch das Gespräch mit den Angestellten begannen wir zu begreifen, wie die besten Händler des Landes funktionierten. Wir stellten Fragen, machten Fotos und kopierten alles, was wir in die Hände bekamen.

Wir liehen uns eine ganze Reihe von Ideen aus. Wir veränderten sie, und in einigen Fällen verbesserten wir sie sogar, aber die Grundgedanken kamen von den Leuten, die wir trafen, und den Geschäften, die wir besuchten. Diese Ideen ergaben eine Karte, der wir zu folgen hatten.

Mit unserem fertigen System waren wir letztendlich fähig, ein Programm zu starten, durch das wir ständig nachprüfen können, wie sich jeder Geschäftsbereich entwickelt und ob wir unsere Ziele erreichen: der Beste zu sein; Kunden zu fragen, was sie wollen, und Systeme bereitzustellen, die für die Erfüllung der Kundenwünsche Sorge tragen.

All das ist verdammt schwer. Es braucht Zeit, Leute zu besuchen, und sogar noch mehr Zeit, um deren Ideen in die Tat umzusetzen. Aber ab dem Zeitpunkt, als wir entschieden hatten, die Besten zu werden, waren wir auf dem richtigen Weg.

Ich würde Ihnen gerne aufzeigen, wie wir unseren Betrieb leiten, und vielleicht hilft es Ihnen, ob Sie nun in einer großen Firma sind oder ob Sie erst beginnen, einen Betrieb aufzubauen. Wie auch immer, wenn unser Bemühen im Kundenservice den Besuch beim Autohändler zu einem angenehmen Erlebnis macht, dann wird alles möglich.

Eins

Fragen Sie Ihre Kunden, was sie wollen ... und geben Sie es ihnen

Kapitel 1

Der Kunde wird Ihnen sagen, wie Sie guten Service anbieten können

Wir stellen keine Vermutungen an.

Wir haben keine Regel, daß beispielsweise ein Kunde innerhalb von 30 Sekunden gegrüßt werden muß oder daß ein Telefonat schon beim zweiten Läuten entgegengenommen werden muß. Regeln wie diese werden von Personen aufgestellt, die zu wissen vermuten, was Kunden wünschen. Wir stellen keine Vermutungen an. Statt dessen versuchen wir es herauszufinden. Wenn Sie den Kunden die Chance geben zu sprechen und wenn Sie gewillt sind zuzuhören, dann werden sie Ihnen genau das sagen, was ihnen wichtig ist.

In unserem Geschäft – wie in den meisten Einzelhandelsgeschäften – lautet die Binsenweisheit, daß es die Kunden nicht mögen, sofort beim Eintritt ins Geschäft vom Verkäufer „attackiert" zu werden. Wir hatten Berater, die uns rieten, die Kunden fünf Minuten lang durch den Schauraum gehen zu lassen, damit sie sich „akklimatisieren" könnten. Erst danach geht jemand zu ihnen und spricht sie an. Ich kenne einige Händlerbetriebe, bei denen dies eine unumstößliche Regel ist.

Aber während der ganzen Zeit, in der ich als Automobilhändler tätig bin, hatte ich noch niemals eine Beschwerde, daß unsere Verkäufer zu aggressiv gewesen wären. Ich habe jedoch viel zu viele Briefe von Leuten erhalten, die glaubten, daß wir nicht aufmerksam genug gewesen wären.

Die Sache ist doch die: Es ist nicht wichtig, was der Berater oder sonst irgend jemand sagt, sondern es ist wichtig, was die Kunden wünschen. Und der einzige Weg, um wirklich wissen zu können, was sie wollen, ist, sie zu fragen. Folgendermaßen fanden wir heraus, was der Kunde denkt:

Wenn ein Kunde bei uns zur Kasse kommt, wird er zuerst gebeten, ein Formular mit drei Fragen auszufüllen. Dieses Formular finden Sie auf Seite 23.

Dieses Formular ist kurz genug, so daß die meisten nichts dagegen haben, es auszufüllen. Aber obwohl es nur drei Fragen sind, können wir eine ganze Menge daraus lernen. (Im Gegenzug können wir mit diesen drei Fragen jede Menge Information an unsere Kunden geben, wie Sie gleich sehen werden.)

Wir würden gerne wissen . . .

1. Ist der in Rechnung gestellte Betrag niedriger, gleich oder höher als im Kostenvoranschlag?
(Bitte umranden Sie die Antwort).

2. War Ihr Auto rechtzeitig fertig?

___________ Ja ___________ Nein

3. War das schon zum zweiten Mal dieselbe Reparatur?

___________ Ja ___________ Nein

Herzlichen Dank!

____

____

____

Sewell
Village Cadillac
Sterling
Ein Familienbetrieb seit 1911

Die Frage 1 wird gestellt, denn wenn die Kunden glauben, daß sie für ihr Geld keinen entsprechenden Gegenwert erhalten, machen sie nicht gerne Geschäfte mit uns, egal was immer wir auch tun.

Mit der Frage 2 wollen wir herausfinden, ob wir Wort gehalten haben. War das Auto, wie versprochen, fertig?

Und schließlich erlaubt uns die Frage 3 festzustellen, ob wir dieselbe Reparatur mehrmals ausführen mußten.

Diese drei Fragen gehen jeder erbrachten Dienstleistung auf den Grund und können mit kleinen Veränderungen in jeder Branche angewandt werden.

Zur Beurteilung einer Werbefirma beispielsweise könnten die Fragen folgendermaßen aussehen: 1. War die Kampagne innerhalb des Budgets? 2. Kam sie zur rechten Zeit? 3. Hat sie den gewünschten Erfolg gebracht?

Das Geheimnis – ob Sie nun Autos oder Werbung verkaufen – ist, die drei Dinge herauszufinden, die dem Kunden am wichtigsten sind. Sobald wir wissen, was wichtig ist, müssen wir sicherstellen, daß wir den Wünschen entsprechen. Deshalb messen wir sie.

Wenn der Kunde denkt, daß er mehr bezahlt hat, als er sollte, oder wenn das Auto nicht zum verabredeten Zeitpunkt fertig war oder wenn dies das zweite (oder gar dritte) Mal war, daß der Kunde das Auto zur Reparatur zurückbringen mußte, haben wir keine gute Arbeit geleistet. Wir sollten das wissen. Falls die Kunden uns sagen, daß wir keine gute Arbeit gemacht haben, können wir uns sofort entschuldigen. Wenn die Rechnung höher oder das Auto nicht fertig war, ruft der Kassierer einen Manager, der sofort kommt, um sich zu entschuldigen, und der veranlaßt, daß die Arbeit nochmals ausgeführt wird.

Die meiste Zeit jedoch machen wir unsere Arbeit ziemlich gut, und das Formular erinnert auch unsere Kunden daran – ohne angeben zu wollen. Beim Beantworten der Fragen sehen sie, daß der Rechnungsbetrag unter dem Kostenvoranschlag liegt. Außerdem erinnert es sie daran, daß das Auto innerhalb der versprochenen Zeit fertig war und alles sofort richtig ausgeführt wurde.

Der eigentliche Zweck dieser drei Fragen ist es herauszustreichen, daß unsere Betriebe sich wirklich um ihre Kunden kümmern.

Sie werden feststellen, daß am Ende des Formulars ein Aufdruck ist, der zeigt, daß es uns schon seit 1911 gibt. Um ehrlich zu sein, ich glaube nicht, daß uns viele Leute Pluspunkte dafür geben. Die Haltung der meisten ist: „Was haben Sie in letzter Zeit für mich getan?“

Wir sind aber stolz auf unsere Geschichte und auf die Firma, die mein Vater gegründet hat und wenn die Leute vielleicht sehen, daß wir schon seit mehr als ein Dreivierteljahrhundert im Geschäft sind, denken sie: „Das heißt, daß diese Firma möglicherweise zur Stelle ist, wenn ich sie brauche." Am unteren Ende des Formulars haben wir Platz gelassen, dort können die Kunden gegebenenfalls einen Kommentar hinschreiben.

Falls Sie Zeit und Lust haben, können Sie uns Ihre Meinung auf einem anderen Weg mitteilen, und zwar durch das Ausfüllen der 49-Fragen-Kundenstudie, die wir der Rechnung beilegen. Eine Aufstellung dieser Fragen finden Sie am Ende dieses Kapitels.

(Eine Beichte: Viele Jahre beobachteten wir sehr sorgfältig unsere Neuwagenkunden, ohne daß wir jemals versucht hätten herauszufinden, was die Gebrauchtwagenkunden an unserem Gaschäft mögen oder nicht mögen. Das war dumm. Gebrauchtwagenkunden sind für unseren Erfolg genauso wichtig wie Neuwagenkunden, auch sie haben das Potential, ein 322 000-Dollar-Kunde zu werden. Ich glaube, wir waren nicht die einzigen, die ein bestimmtes Segment unserer Kunden vergaßen – aber wir vergessen sie nie mehr wieder.)

Fragen Sie auf alle Fälle die Kunden, was sie wollen, aber fragen Sie höflich und drängen Sie nicht auf Antworten. Präsentieren Sie Umfragen derart, daß Kunden sie ignorieren können, falls sie nicht daran teilnehmen wollen.

Die Teilnahme an einer Umfrage ist absolut freiwillig. Wir könnten die gleichen Informationen bekommen, wenn wir unsere Kunden zu Hause anrufen würden, aber ich selbst mag diese Art von Anrufen auch nicht. Meistens stört das Telefon während des Abendessens oder während man mit den Kindern spielt. Ich glaube, daß die meisten unserer Kunden genauso denken. Daher machen wir also keine telefonischen Umfragen. Statt dessen geben wir den Kunden ein Formular, das sie uns ausgefüllt zurücksenden können, wenn sie wollen (ca. 35 Prozent füllen die 49-Fragen-Studie aus und senden sie zurück). Falls sie es aber nicht wollen, können sie den Fragebogen direkt in den Müll werfen.

Wir wollen unsere Kunden nicht belästigen. Wir geben ihnen aber jede Gelegenheit, uns zu sagen, was sie denken, aber wir lassen es auf Freiwilligkeit beruhen. Wenn sie es uns nicht sagen wollen, ist das für uns in Ordnung. Falls sie es uns aber sagen möchten, machen wir es ihnen so leicht wie nur möglich.

Wir bieten ihnen die Chance, drei Fragen an der Kasse zu beantworten. Wir haben den längeren Fragebogen, den sie ausfüllen können, und wenn sie uns dann noch immer etwas zu sagen haben, fragen wir sie – als letzter Punkt auf der 49-Fragen-Studie –, ob sie gerne an unserem Kundenparlament teilnehmen möchten. Kundenparlamente sind eine Idee, die wir direkt von Stew Leonard und Stew Leonard jun. geholt haben, welche uns auch die Durchführung erklärt haben.

Kundenparlamente sind extrem aussagekräftig. Sie stellen eine Kontrollmöglichkeit dar, um zu sehen, wie gut der Betrieb wirklich ist, weil Sie dabei Ihre eigenen Kunden befragen, wie sie sich in Ihrer Geschäftsbeziehung mit Ihnen fühlen. Geben Sie Ihren Kunden wirklich alles, so wie Sie glauben, oder gibt es Probleme, die Ihnen gar nicht bekannt sind? Es gibt noch einen anderen Grund, warum man Kundenparlamente nutzen sollte. Sie helfen das Augenmerk auf die wirklichen Dinge zu konzentrieren.

Als wir größer wurden, erkannte ich, daß „management by wandering around" (MBWA) nur dann effektiv ist, wenn man ein oder zwei Niederlassungen hat. Man sieht, was wirklich los ist.

Aber es funktioniert nicht, wenn man viele Niederlassungen hat, weil man nicht genug Zeit hat, um alle zu kontrollieren. Man braucht also zusätzliche Informationsquellen, wie beispielsweise Kundenparlamente.

Wir sahen Kundenparlamente immer als eine Art „Voodoo-Zauber" an, und dann kam heraus, sie sind es nicht. Sie sind wirklich ziemlich einfach. Wir (entweder ich oder einer unserer Führungskräfte) holen zehn oder zwölf Leute in ein Zimmer zusammen und fragen sie, ob sie gerne mit uns in Geschäftsbeziehung stehen und was sie als unsere Stärken und Schwächen ansehen. Danach konzentrieren wir uns auf ein Spezialgebiet. Zum Beispiel stellen wir zehn Fragen über die Arbeit des Kundendienstes (diese Fragen sind direkt von unserem Fragebogen übernommen). Ein anderes Mal sprechen wir über ihre Erfahrungen mit unserem Verkauf: Haben Sie sich im Gespräch mit uns wohl gefühlt? Haben wir über unser Produkt Bescheid gewußt? Hat Sie unser Verkäufer innerhalb von zwei Wochen angerufen, um nachzufragen, ob Sie mit Ihrem Einkauf zufrieden sind?

Insgesamt verbringen wir ungefähr 1½ Stunden mit unserem Kundenparlament, bedanken uns und geben den Teilnehmern ein Schreibset zum Abschied. Kunden haben es gerne, wenn man sie einbezieht.

Wenn wir Leute einladen, vergewissern wir uns, daß sie repräsentativ für unsere Kunden sind bzw. für Leute, die wir gerne als Kunden gewinnen möchten. Außerdem befragen wir vier oder fünf Kundenparlamente zu einem bestimmten Thema, um sicherzugehen, daß wir eine aussagekräftige Antwort erhalten.

Als wir mit diesen Kundenparlamenten anfingen, war ich zuerst skeptisch. Ich dachte nicht, daß die Leute bereit wären, etwas Negatives über uns zu sagen – besonders wenn wir mit ihnen im gleichen Zimmer sitzen. Aber ich irrte mich. Die Leute sind wirklich sehr selbstsicher. Es sind viele Personen im Raum, und je länger so eine Besprechung dauert, desto höher ist die Chance, daß man ehrliche Meinungen hört. Nach einer halben oder einer Stunde wird plötzlich jemand sagen: „Ich werde Ihnen nun sagen, wie es wirklich ist." Und von da an wissen Sie, daß Sie die Wahrheit hören.

Na ja, manchmal hört man schon ziemlichen Mist. Um den zu eliminieren, probieren wir es mit etwas statistischer Logik. Wenn wir mit 100 Leuten sprechen, ist unweigerlich einer mit extremen Ansichten dabei. Das geht schon in Ordnung. Wir fragen dann immer: „Und welche Ansichten haben die ‚normalen' Leute?" Denen wenden wir dann unsere Aufmerksamkeit zu.

Was ich außerdem gelernt habe: Wenn Leute von ihren Ansichten zutiefst überzeugt sind, sollten Sie auf sie hören, auch wenn sie mit der Mehrheitsmeinung nicht übereinstimmen. Als Ford eine Umfrage zum Modell Taurus machte, fanden sie heraus, daß ungefähr die Hälfte der Befragten sein Aussehen mochte, der anderen Hälfte gefiel er aber überhaupt nicht. Das Ergebnis war eine Zustimmungsrate von lediglich 45 Prozent. Aber erinnern Sie sich, die Hälfte war doch von dem Modell begeistert. Und die Hälfte – wenn Sie über die Anzahl derjenigen sprechen, die Autos kaufen – ist eine verdammt große Menge. Ford hat die Produktion fortgesetzt.

Sie können noch einen Schritt weitergehen. Manchmal ist es wichtig, auf einen Kommentar zu hören, selbst wenn er nur von einer einzigen Person kommt. Ich erinnere mich an eine Umfrage, die wir über Hyundai machten. Ein Mann sagte damals, daß er unser Leihwagenprogramm nicht mochte. Immer wenn er sein Auto zum Service brachte,

Fragebogen

1. Wie oft waren Sie letztes Jahr in unserer Werkstatt?

   ca. ________ mal

2. Als Sie das letzte Mal bei unserem Kundendienst waren:

   Hatten Sie Schwierigkeiten, die Kundendienstabteilung zu finden?

   Ja ________ Nein ________

3. Wurden Sie sofort begrüßt, als Sie hereinkamen?

   Ja ________ Nein ________

4. Wie wurden Sie behandelt, als Sie an unsere Kundendienstannahme kamen?

   Sehr professionell ________

   Ziemlich professionell ________

   Überhaupt nicht professionell ________

5. Wie lange mußten Sie auf Ihren Kundendienstberater warten, nachdem Sie begrüßt worden waren?

   ________ Minuten

6. Glauben Sie, daß die Wartezeit zu lange war?

   Ja ________ Nein ________

7. Hat Ihnen Ihr Kundenberater alles gut erklärt?

   Ja ________ Nein ________

8. Wurde ein Kostenvoranschlag gemacht?

   Ja ________ Nein ________

9. Wurde Ihnen gesagt, wann Ihr Auto voraussichtlich fertig sein wird?

   Ja ________ Nein ________

10. Bei Sewell können Sie auf verschiedene Arten bezahlen, wurde Ihnen das erklärt?

    Ja ________ Nein ________

11. Wie sind Sie mit Ihrem Kundendienstberater insgesamt zufrieden?

    Sehr zufrieden ________

    Ziemlich zufrieden ________

    Weder zufrieden noch unzufrieden ________

    Ziemlich unzufrieden ________

    Sehr unzufrieden ________

12. Wissen Sie, daß Sie sich beim Kauf eines Neuwagens von Sewell einen Mietwagen reservieren lassen können?

    Ja ________ Nein ________

13. Ist Ihnen die Vorgangsweise zur Reservierung eines Mietwagens bekannt?

    Ja ________ Nein ________

14. Haben Sie einen Mietwagen telefonisch reserviert?

    Ja ________ Nein ________

    (Bei Nein gehen Sie bitte zu Frage 15)

a) War das Mietwagenpersonal freundlich?

   Ja ________ Nein ________

b) Stand Ihnen ein Mietwagen zur Verfügung, als Sie ihn brauchten?

   Ja ________ Nein ________

c) War genügend Benzin im Mietwagen?

   Ja ________ Nein ________

15. Als Sie unseren Kundendienst das letzte Mal benutzten, gebrauchten Sie unser Gratis-Leihauto?

    Ja ________ Nein ________

    (Wenn Nein gehen Sie direkt zur Frage 19)

16. Wie waren Sie mit der Sauberkeit zufrieden?

    Sehr zufrieden ________

    Ziemlich zufrieden ________

    Weder zufrieden noch unzufrieden ________

    Ziemlich unzufrieden ________

    Sehr unzufrieden ________

17. Wie lange mußten Sie auf das Leihauto warten?

    ________ Minuten

18. War der Fahrer des Leihautos professionell?

    Ja ________ Nein ________

19. Als Sie das letzte Mal unseren Kundendienst besuchten, benutzten Sie da unseren Warteraum?

    Ja ________ Nein ________

    (Wenn Nein, fahren Sie bei Frage 22 fort)

20. War unser Warteraum sauber?

    Ja ________ Nein ________

21. Waren angemessene Sitzmöglichkeiten vorhanden?

    Ja ________ Nein ________

22. Haben wir Sie telefonisch informiert, daß Ihr Auto fertig ist?

    Ja ________ Nein ________

    (Bei Ja bitte zu Frage 25)

23. Wie oft hat es geläutet, bis wir das Telefon abhoben?

    ________ mal

24. Haben wir sofort zurückgerufen?

    Ja ________ Nein ________

25 Waren wir am Telefon höflich?

    Ja ________ Nein ________

26. Waren wir am Telefon hilfsbereit?

    Ja ________ Nein ________

27. Wurde das Service/die Reparatur beim ersten Mal richtig ausgeführt?

    Ja ________ Nein ________

28. Sind Sie mit den Reparatur-/Serviceleistungen bei Sewell Village zufrieden?

Sehr zufrieden ________

Ziemlich zufrieden ________

Weder noch ________

Ziemlich unzufrieden ________

Sehr unzufrieden ________

29. War Ihr Auto zum versprochenen Zeitpunkt fertig?

Ja ________ Nein ________

30. Wie lange mußten Sie an der Kasse Schlange stehen?

________ Minuten

31. War das Kassenpersonal höflich?

Ja ________ Nein ________

32. War das Kassenpersonal hilfsbereit?

Ja ________ Nein ________

33. Falls Sie wissen wollten, was an Ihrem Auto gemacht wurde, konnten wir es erklären?

Ja ________ Nein ________

34. Waren die tatsächlichen Reparatur-/Servicekosten niedriger oder gleich hoch wie im Kostenvoranschlag?

Ja ________ Nein ________

35. Wurden Ihres Wissens alle anwendbaren Garantien bei Ihren Reparaturarbeiten berücksichtigt?

Ja ________ Nein ________

36. Wie lange mußten Sie auf Ihr Auto warten, nachdem Sie bezahlt hatten?

________ Minuten

37. Hat Ihnen das Kassenpersonal genau erklärt, wo Ihnen Ihr Auto übergeben wird?

Ja ________ Nein ________

38. Wartete jemand bei Ihrem Auto, als es Ihnen gebracht wurde?

Ja ________ Nein ________

(Bei Nein bitte zu Frage 42)

39. War diese Person freundlich?

Ja ________ Nein ________

40. Wie war die Erscheinung/Auftreten dieser Person?

Exzellent ________

Gut ________

Durchschnitt ________

Schlecht ________

41. Hat sich diese Person bedankt?

Ja ________ Nein ________

42. Wurde Ihr Auto während der Arbeit schmutzig gemacht?

Ja ________ Nein ________

43. Wie sind Sie generell mit der Kundendienstabteilung von Sewell zufrieden?

Sehr zufrieden ________

Ziemlich zufrieden ________

Weder noch ________

Ziemlich unzufrieden ________

Sehr unzufrieden ________

44. Haben Sie Ihr Auto bei Sewell gekauft?

Ja ________ Nein ________

a) Wenn Ja, haben Sie es neu oder gebraucht gekauft?

Neu ________

Gebraucht ________

b) Wenn Sie es woanders gekauft haben, bei welchem Händler?

____

45. Was für ein Baujahr?

19 ________

46. Würden Sie die Werkstatt Sewell Village an einen Freund weiterempfehlen?

Ja ________ Nein ________

47. Wie heißt Ihr Kundendienstberater?

____

48. Hat jemand von unserer Belegschaft durch exzellenten Service Ihren Besuch bei uns angenehmer gemacht?

____

____

____

49. Würden Sie gerne an unserem Kundenparlament teilnehmen?

Ja ________ Nein ________

Haben Sie Vorschläge, wie Sewell besseren Kundendienst leisten könnte?

____

____

____

____

____

____

____

Danke, daß Sie sich die Zeit genommen haben, Ihre Erfahrungen bei Sewell Village zu schildern. Unser Standpunkt zur Qualität ist: Wir liefern rechtzeitig und 100 % fehlerfreie Ware und Leistungen.

hieß es, daß alle unsere Leihwagen schon vergeben seien. Er war der einzige, der dies behauptete. Unser Verantwortlicher für Leihautos hingegen schwur, daß er immer genügend Autos zur Verfügung habe. Aber da war irgend etwas in der Art, wie der Kunde dies sagte, es mußte einfach die Wahrheit sein. Ich konnte mir nicht vorstellen, warum er so etwas erfinden sollte.

Also ging ich der Sache nach und fand heraus, daß der Verantwortliche für Leihautos tatsächlich Kunden wegschickte. Anstatt weitere Leihwagen anzufordern, bat er sie, später wiederzukommen.

Wir ersetzten diesen Mann. Wenn wir jetzt sagen, daß bei Hyundai Leihautos zur Verfügung stehen, dann gibt es auch welche.

Die Leute sagen Ihnen die Wahrheit. Wenn sie den Fragebogen ausfüllen und sich die Zeit nehmen, zum Kundenparlament zu kommen, wollen sie einem wirklich mitteilen, was sie denken.

CHECKLISTE

- **Stellen Sie keine Vermutung darüber an, was der Kunde möchte. Er wird gerne bereit sein, es Ihnen zu sagen.**
- **Machen Sie es den Kunden leicht, zu sagen, was sie wollen. Entwerfen Sie einen kurzen Fragebogen – nicht mehr als fünf Fragen, am besten drei, die sich auf die wichtigsten Dinge der Geschäftsbeziehung konzentrieren, und zwar aus der Sicht des Kunden.**
- **Eine einfache Methode, 100 Prozent der Leute zum Antworten zu bekommen ... geben Sie den Kunden diesen Fragebogen beim Bezahlen. Auf diese Art kann der Kunde ihn ausfüllen, während die Rechnung erstellt wird.**
- **Belästigen Sie den Kunden nicht. Wenn Leute Fragebogen nicht ausfüllen oder Fragen nicht beantworten wollen, dann sollten Sie es akzeptieren. Zwingen Sie den Kunden nicht. Fangen Sie nicht an, ihn nachts anzurufen oder ihn im Geschäft zu belästigen. Denken Sie immer daran, daß es bei den Befragungen nur darum geht, eine Umgebung zu schaffen, in der der Kunde gerne einkauft, weil er sie als angenehm empfindet. Wenn Sie die Kunden belästigen, werden sie es als unangenehm empfinden.**

Kapitel 2

Wenn der Kunde fragt, lautet die Antwort immer ja

Um die Kunden von unserer Arbeitsweise zu überzeugen, müssen wir ihnen beibringen, daß es etwas Wertvolleres gibt als Geld. Denn wir sind nicht die Billigsten. Um daher erfolgreich zu sein, müssen wir etwas anderes bieten. Dieses andere ist Bequemlichkeit. Wir beseitigen Probleme. Wir versuchen, Ihr Leben einfacher zu gestalten.

Jedesmal, wenn uns ein Kunde fragt, ob es uns möglich sei dies oder jenes zu tun, ist unsere Antwort ja. Wenn Sie sich selbst aus Ihrem Auto aussperren oder eine Reifenpanne haben und bei uns anrufen und fragen, ob wir Ihnen helfen können, werden wir antworten: „Selbstverständlich."

Wir werden aber wahrscheinlich nicht Ihr Haus streichen oder Ihre Fenster putzen – wir verkaufen Autos. Wenn sich die Anfrage jedoch auf unsere Branche bezieht, werden wir es versuchen. Wann immer es uns möglich ist, wollen wir unseren Kunden helfen.

Hier ist mein Lieblingsbeispiel: Wir haben eine besonders gute Kundin. Sie lebt die eine Hälfte des Jahres in Dallas und die andere Hälfte in Frankreich. Als Sie letztes Jahr aus Paris zurückkam, rief sie uns an und teilte uns mit, daß sie gerne noch einige Zeit in New York verbringen wollte. Sie wollte sich jedoch keinen Mietwagen vor Ort nehmen, weil alle New Yorker Leihautos schmutzig seien und nach Zigarettenrauch röchen. Sie fragte uns also, ob wir für sie ein Auto in Dallas mieten und zu ihr nach New York bringen könnten. Wir konnten und wir taten es.

Wenn der Kunde Sie fragt, ob Sie etwas für ihn tun können, muß die Antwort immer ja sein, vorausgesetzt, daß der Wunsch irgendwie mit Ihrem Geschäft zu tun hat.

Wenn wir mit Leuten über unsere Arbeitsweise sprechen, schauen uns manche komisch an. Sie meinen, daß wir uns abstrampeln, um einen

Chauffeur für unseren Kunden zu finden, der bei uns eine Limousine gekauft hat, sei eigentlich nicht unsere Aufgabe. Aber wir sind anderer Meinung. Unsere Aufgabe ist es, uns so gut um den Kunden zu kümmern, daß er für den Rest seines Lebens immer wieder zu uns zurückkommt.

Nehmen wir mal an, Sie sind um 21.00 Uhr am Flughafen angekommen und Ihr Schlüssel ist abgebrochen, als Sie versucht haben, Ihren Wagen zu öffnen. Sie rufen Ihre Frau, an und die ist nicht zu Hause. Sie sitzen also in der Klemme.

Stellen Sie sich nun vor, Sie rufen dann uns an, und wir schicken Ihnen sofort einen Servicewagen, und der Techniker fertigt für Sie an Ort und Stelle einen passenden Schlüssel an. Dann sagt er: „Danke, daß Sie sich an uns erinnert haben" und fährt ab, ohne einen Groschen zu verlangen. Sie werden sicher denken, daß wir eine tolle Firma sind.

Verlangen wir jemals Geld für solche Dienstleistungen? Manchmal, aber im allgemeinen nicht. Unsere Faustregel: Ist es etwas, wofür ein Freund etwas verlangen würde? Wenn Sie sich selbst aus dem Auto ausgesperrt hätten und Sie würden einen Freund anrufen, der Ihnen einen Schlüssel bringt, würde er etwas verlangen? Nein. Gut – wir auch nicht.

Das ist nur gesunder Menschenverstand. Aber sprechen wir nun darüber, warum es auch wirtschaftlich sinnvoll ist.

Sagen wir, es kostet uns 25 Dollar, um zu einem Kunden zu fahren und sein Auto aufzusperren. Denken Sie einmal an die Kosten für eine Radiowerbung. In Dallas kostet ein 60-Sekunden-Spot bei einer populären Radiostation während der Hauptsendezeit 700 Dollar.

Für die 25 Dollar, die wir ausgeben, um Sie in Ihr Auto zu lassen, habe ich möglicherweise einen Kunden fürs Leben gewonnen. Wie viele Kunden auf Lebenszeit bekomme ich für eine Radiowerbung für 700 Dollar? Ich bräuchte 28 – 700 Dollar dividiert durch 28 ergibt 25 Dollar –, um das gleiche Resultat aus der Werbung zu erzielen, wie durch die am Flughafen geleistete Hilfe. Mein gesunder Menschenverstand sagt mir, daß ich keine 28 Kunden auf Lebenszeit aufgrund einer Radiowerbung bekomme.

Nun – ist alles gratis? Natürlich nicht. Wenn wir kommen müssen, um eine Batterie oder eine Lichtmaschine auszutauschen, werden wir die normalen Tarife zuzüglich der Anfahrt verrechnen. Aber falls es etwas

Ungewöhnliches wie das Mißgeschick mit dem Schlüssel ist, werden wir Ihnen nichts verrechnen. Wenn wir gewillt sind, unseren Kunden zu helfen, werden sie immer wieder Geschäfte mit uns machen wollen.

CHECKLISTE

- **Wenn ein Kunde zu Ihnen sagt: „Können Sie ...", sollten Sie immer ja sagen, selbst wenn Sie momentan nicht wissen, wie Sie es machen oder was er überhaupt will.**
- **Übertreffen Sie sich selbst. Wenn es Ihr Beruf ist, Rasen zu mähen und Ihr Kunde einen „Baum-Chirurgen" braucht – suchen Sie ihm einen. Wenn er Kunde in Ihrem Hotel ist und sein Auto hat einen Platten, wechseln Sie den Reifen. Helfen Sie Ihrem Kunden.**
- **Verrechnen Sie, wenn nicht unbedingt notwendig, diesen „Extra-Service" nicht. Wenn es etwas ist, das ein Freund für seinen Freund tun würde, verrechnen Sie es nicht. Machen Sie sich keine Sorgen, Sie werden das Geld vielfach in zukünftigen Geschäften zurückbekommen.**

Kapitel 3

So etwas wie Ladenschluß gibt es nicht

Dienst am Kunden ist ein 24-Stunden-Job. So muß es sein. Der Kunde wird Sie manchmal fragen, ob Sie etwas nach 17.00 Uhr oder am Sonntag für ihn machen könnten. Und wenn Ihre Regel heißt: „Wenn der Kunde fragt, lautet die Antwort immer ja, dann muß auch in so einem Fall die Antwort ja sein.

Aber es gibt noch einen zweiten und wesentlicheren Grund, warum es so etwas wie Ladenschluß nicht geben sollte. Wie können wir Kunden den besten Service bieten, wenn wir sie zwingen, sich an unseren Zeitplan zu halten? Zwangsläufig muß das manchmal unbequem für sie sein.

Wir müssen dann für sie arbeiten, wenn sie das wollen, nicht wann wir es wollen. Also tun wir das. Wir liefern gerne Autos zu Geburtstagen, Jubiläen und selbst am Weihnachtsabend nach Hause (falls gewünscht mit Schleifen geschmückt), sogar wenn diese Tage auf Sonn- oder Feiertage fallen. Wir sind glücklich, wenn jemand am Sonntagmorgen zu uns kommen möchte, und sind gerne bereit, nur für ihn unsere Autos herzuzeigen. Wenn er im Schlafanzug kommen möchte, ist das auch kein Problem für uns.

Jemand muß unbedingt um neun Uhr abends vorbeikommen. Wir sperren normalerweise um acht Uhr – kein Problem, wir können warten.

Einige Leute würden diese zusätzlichen Arbeiten nerven – uns nicht. Durch das Anpassen unserer Zeitpläne an jene der Kunden können wir ihnen ein Auto verkaufen – und vielleicht später ein weiteres.

Kann das nicht unbequem werden? Sicherlich. Aber kümmert es die Kunden, ob wir zu spät zum Abendessen kommen? Nein, und was der Kunde möchte, ist das einzige, was zählt.

Wir wollen das Leben des Kunden so einfach wie möglich machen. Betrachten wir zum Beispiel unseren Cadillac-Händlerbetrieb.

In der Regel geben alle unsere Verkäufer und Kundenbetreuer ihre privaten Telefonnummern an die Kunden weiter. Sie wollen ihnen helfen können, wenn sie Hilfe benötigen. Wenn die Kunden die Nummern verlieren oder nicht bei sich haben, ist es auch kein großes Problem. Alles, was sie tun müssen, ist, die Niederlassung anzurufen. Dort ist nach Betriebsschluß ein Nachtwächter, der die Nummern aller Mitarbeiter hat und sich darum kümmert, daß dem Kunden die zuständige Person behilflich ist.

Nehmen wir an, es ist fünf Uhr morgens, und Sie fahren zur Arbeit. Sie bemerken, daß Ihr Auto einen platten Reifen. hat (Wir bekommen eine Menge solcher Anrufe.) Sie rufen also im Geschäftslokal an, und der Nachtwächter wird den Techniker anrufen – es ist immer jemand erreichbar 24 Stunden lang, und das jeden Tag –, und dieser kommt dann in seinem Chevrolet Suburban, den wir zu einem Serviceauto umfunktioniert haben, und hilft Ihnen. (Der Suburban hat einen Reifendruckmesser, Schlüsselschneider und alles, was Sie sich nur vorstellen können, an Bord.) Der Techniker wird dann den Reifen wechseln – und wie wir schon sagten, nichts verrechnen –, und Sie können weiterfahren.

Wir wollen, daß uns die Leute anrufen, ganz egal zu welcher Zeit. Sie sind unsere Kunden, und wir wollen uns um sie kümmern. Abgesehen davon, wollen wir die Arbeit selbst tun, bevor ein Kunde die Arbeit einer anderen Firma überträgt – jemandem, der vielleicht mehr verrechnet und sich weniger um ihn kümmert.

Ganz egal in welchem Geschäft Sie tätig sind, die Kunden haben gerne eine Telefonnummer, die sie auch nach Betriebsschluß anrufen können.

Das größte Problem, das wir haben, ist, daß Kunden einfach vergessen oder es gar nicht glauben, daß wir uns rund um die Uhr um sie kümmern möchten. Deshalb sagen wir es ihnen immer wieder. Wir geben ihnen Aufkleber mit unserer 24-Stunden-Telefonnummer, und trotzdem rufen sie uns nicht an. Wir wollen aber angerufen werden. Sie sind unsere Kunden, und wir wollen uns um sie kümmern.

Sie bemühen sich, zu einer Tankstelle zu kommen oder den Abschleppdienst anzurufen oder was auch immer sie brauchen. Sie vergessen einfach, uns anzurufen.

Können wir durch solche Anrufe ausgenutzt werden? Sicherlich, aber es kommt nicht oft vor.

Fast immer, wenn uns jemand nach Betriebsschluß anruft, braucht er sofort Hilfe. Falls er Hilfe braucht, sollten wir sie ihm geben, ganz egal zu welcher Zeit. Dies gibt uns die Chance, unsere gute Beziehung zu diesem Kunden aufrechtzuerhalten. Die Kunden mögen diesen Service.

CHECKLISTE

- **Sie können Service nicht nur zwischen 9.00 und 17.00 Uhr anbieten. Wenn Sie guten Service anbieten wollen, müssen Sie ihn rund um die Uhr anbieten.**
- **Ein Anruf sollte alles regeln. Machen Sie es den Kunden leicht, den richtigen Service zu bekommen. Sie sollten um 3.00 Uhr morgens nicht erst jemanden suchen müssen, der ihnen Hilfe leistet. Ein einziger Telefonanruf sollte ausreichen. Sie müssen nicht Ihre private Telefonnummer hergeben (obwohl die Kunden das mögen) und Sie müssen die Telefonzentrale nicht 24 Stunden lang besetzt halten.**

  Machen Sie es wie die Ärzte: Bedienen Sie sich eines Anrufdienstes, welcher die Person, die Bereitschaftsdienst hat, verständigt.
- **Machen Sie sich keine Sorgen, daß vielleicht einige Leute dieses System ausnutzen werden. Im Regelfall wird jemand nur anrufen, wenn er wirklich Hilfe braucht.**

Kapitel 4

Versprechen Sie weniger, erfüllen Sie mehr

Jedesmal wenn Sie Ihr Auto zum Service bringen, geben wir Ihnen einen garantierten Kostenvoranschlag. Im allgemeinen gibt es auf seiten des Kundendienstberaters die Neigung, den Kostenvoranschlag so niedrig wie möglich zu halten. Er fürchtet nämlich, daß wir den Auftrag verlieren, wenn der Kunde glaubt, daß der Preis zu hoch angesetzt sei.

Aber wir wollen nicht, daß sich unser Kundendienstberater darüber Sorgen macht. Tatsächlich bitten wir ihn, ein 10-Prozent-Polster in jede Schätzung einzubauen. So können wir sichergehen, daß die Endabrechnung immer niedriger sein wird als unser Kostenvoranschlag. Im schlimmsten Fall sind wir immer noch einen Dollar billiger als die Schätzung. Das Ergebnis? Zufriedene Kunden.

Das Schlimmste, was Sie machen können, ist, Ihren Kunden mehr bezahlen zu lassen, als im Kostenvoranschlag angegeben. Bauen Sie ein „Polster" ein, so daß Sie immer ein bißchen weniger verrechnen können.

Und so funktioniert das: Sie bringen Ihr Auto zur Reparatur, die, nehmen wir einmal an, 90 Dollar kosten wird. Unser Kostenvoranschlag wird über 100 Dollar lauten.

Wenn Sie dann zurückkommen, um Ihr Auto abzuholen und Sie nur 90 Dollar zahlen müssen, werden Sie so richtig glücklich sein.

Die Idee dahinter ist nicht, die Leute auszunehmen. Wenn es eine 90-Dollar-Reparatur war, werden wir Ihnen nur 85 Dollar verrechnen, auch wenn wir 100 Dollar veranschlagt hatten. Könnten wir diese zusätzlichen 10 Dollar bekommen? Sicherlich, ein- oder zweimal. Aber wie schon mein Cousin, John Sewell, der Leiter unseres Cadillac-Betriebes immer gesagt hat: „Du kannst ein Schaf jahrelang scheren, aber du kannst ihm nur einmal die Haut abziehen."

Der Kunde könnte also eventuell herausfinden, daß ihm die Haut abgezogen wurde, und man wird ihn nie mehr wiedersehen.

Das Problem dabei ist, daß die Kundendienstberater manchmal nervös werden und glauben, daß der Kunde den 100-Dollar-Voranschlag nicht akzeptieren wird. Dann nennen sie 90 Dollar, und wenn dann die Rechnung 91 Dollar ausmacht, wird der Kunde nicht glücklich sein.

Aber wenn wir 100 Dollar für eine 90-Dollar-Arbeit angesetzt hätten und die Rechnung 91 Dollar betragen hätte, würde es dem Kunden nichts ausmachen. Die Arbeit wäre dann noch immer um 9 Dollar billiger als veranschlagt. Am schönsten an der ganzen Sache ist der Sicherheitsfaktor für den Fall, daß die Arbeit mehr kostet, als wir angenommen hatten.

Außerdem erlaubt es uns, noch eine Kleinigkeit mehr für den Kunden zu erledigen, ohne ihn dafür extra bezahlen zu lassen. Nehmen wir einmal an, daß wir während dieser 90-Dollar-Arbeit herausfinden, daß auch die Wischerblätter ausgetauscht werden müssen, was normalerweise um die 7 Dollar kostet. Wir können also die Wischerblätter austauschen und dennnoch eine Rechnung ausstellen, die geringer als der Voranschlag ist. Dann wird der Kunde aus zwei Gründen zufrieden sein: wir haben zusätzliche Arbeit geleistet und wir haben trotzdem weniger verrechnet als veranschlagt. (In diesem Fall lautete die Rechnung 97 Dollar, 90 für die Arbeit plus 7 für die Wischer.)

Das Risiko bei der ganzen Sache ist, daß es einige Leute gibt, die glauben, daß die veranschlagten 100 Dollar zuviel sind, und woanders hingehen. Aber das sind nur 1 oder 2 Prozent aller Fälle. Und wenn die wirklich so denken, sind sie eigentlich nicht der Typ, mit dem wir ins Geschäft kommen wollen.

Es gibt Leute, die uns vorwerfen, daß unser Preis für einen Ölwechsel mit Öl und Ölfilter 9 Dollar teurer ist, also höher als bei „Quickie Lube“, wo sie sogar auf den Ölwechsel warten können – und das stimmt. Wir sind nicht die Billigsten, aber die Besten. Die Kunden wissen, wenn sie ihr Auto zu uns bringen, wird die Rechnung nicht nur niedriger als veranschlagt ausfallen, sondern auch die Arbeit sorgfältig ausgeführt sein.

Unsere Preispolitik scheint den meisten Kunden zu gefallen. Sie wissen, daß wir niemals mehr verrechnen werden als veranschlagt, und man macht gerne mit Leuten Geschäfte, von denen man weiß, daß sie ihr Wort halten.

CHECKLISTE

- **Bauen Sie ein „Polster" ein. Veranschlagen Sie immer ca. 10 Prozent mehr als Sie glauben, daß die Arbeit tatsächlich kosten wird. So kann Ihre Rechnung immer niedriger sein als der Kostenvoranschlag. Dadurch haben Sie auch einen Sicherheitsfaktor eingebaut, falls Ihre Schätzung nicht stimmen sollte. Stellen Sie aber auf jeden Fall eine Rechnung aus, die zumindest um einen Dollar niedriger ist als der Kostenvoranschlag.**
- **Keine unerwarteten Gewinne. Wenn die tatsächlichen Kosten geringer sind als die Schätzung, verrechnen Sie nur den niedrigeren Betrag! Den Differenzbetrag zu behalten ist nicht so gut wie den Kunden zu behalten.**
- **Geben Sie eine Zugabe, falls möglich. Weil Sie ja ein „Polster" eingebaut haben, können Sie es sich leisten, einige zusätzliche Arbeiten (falls diese notwendig sind) zu machen, ohne mehr als veranschlagt zu berechnen.**

Zwei

Wie man immer guten Service bieten kann

Kapitel 5

Systeme statt Lächeln

Wenn Leute an Kundendienst denken, verbinden sie damit meistens unscharfe Vorstellungen von bitte und danke sagen, von „Ja, gnädige Frau", „Nein, gnädiger Herr", oder den Anruf bei einem anderen Geschäft, um nachzufragen, ob der gewünschte Artikel dort im Sortiment ist.

Das ist sicher ein Teil eines guten Kundenservice, aber nur ein kleiner. Würde man den Dienst am Kunden mit einer Torte vergleichen, so wäre Höflichkeit, Lächeln und der gute Wille der Zuckerguß darauf. Die Torte ist das System, welches erst ermöglicht, eine gute Arbeit zu leisten.

Zu einer gut gemachten Arbeit gehören zwei Dinge:

1) die Arbeit beim ersten Mal richtig zu machen,

2) einen Plan für die weitere Vorgehensweise zu haben, falls etwas schiefgelaufen ist.

Es ist wichtiger, mit Systemen zu arbeiten, die es einem möglich machen, diese beiden Punkte zu erfüllen, als nur die oben erwähnte Höflichkeit an den Tag zu legen. Letztendlich ist dem Kunden egal, wie höflich wir sind, wenn wir unsere Arbeit falsch machen oder uns nicht zumindest sofort des Problems annehmen.

Es ist wie in einem Restaurant. Auch wenn die Bedienung dort noch so freundlich und aufmerksam ist, wir werden das Restaurant nicht mehr besuchen, wenn das Essen dort schlecht ist.

Restaurants, Autohändler, Geschäfte etc. benötigen Systeme anstatt freundliches Lächeln, um guten Kundendienst zu garantieren. Jedes Geschäft besteht aus einer Gruppe von Systemen. Diese Systeme müssen zusammenwirken, um einen Arbeitsprozeß hervorzubringen, der effizient ist und es einem erlaubt, wirkungsvoll auf die Wünsche des Kunden einzugehen.

Systeme waren schon immer ein integrierter Bestandteil der Herstellerindustrie. Ohne sorgfältig geplante und berechnete Abläufe kann nichts effizient hergestellt werden.

In der Automobilindustrie sind z. B. diejenigen, die prozeßorientiert denken, gewöhnlich als Ingenieure tätig. Und in der Regel tendieren sie dazu, in die Bereiche Design und Herstellung zu gehen. Es gibt Tausende von Ingenieuren, welche ihr Leben lang Herstellungsprozesse studiert haben: Just-in-time-Lagersysteme, statistische Prozeßkontrollen, Fertigungstheorien. Sie wenden diese Systeme bei der Herstellung von Automobilen an.

Dienstleistungsfirmen sollten das gleiche systematische Denken anwenden, aber die meisten Berater im Kundendienstbereich verbringen zuviel Zeit mit „Lächeln“ anstatt sie für Systeme zu nutzen. Diejenigen, die im Verkauf oder Kundendienst tätig sind, sind selten Ingenieure. Sie haben nie etwas über Materialwirtschaft oder statistische Prozeßkontrolle gelernt, und es ist unwahrscheinlich, daß sie über die neueste Lagerwirtschaftsmethode diskutieren können.

Die Freundlichkeit gegenüber dem Kunden macht nur 20 Prozent eines guten Kundendienstes aus. Der wichtigste Teil ist das Schaffen von Systemen, die es einem ermöglichen, die Arbeit sofort beim ersten Mal richtig zu machen. Kein Lächeln kann helfen, wenn das Produkt oder die Leistung nicht dem Wunsch des Kunden entspricht.

Aber sie sollten darüber Bescheid wissen, weil die Anwendung dieser Systeme – die dazu dienen, jegliche Abweichung zu eliminieren – der bestmögliche Weg ist, den Kundendienst zu verbessern. Aus den Büchern von Edward Deming, Elyahu M. Goldratt („Das Ziel“), Taiichi Ohno – er hat das Produktionssystem für Toyota geschaffen – und Genichi Taguchi kann man lernen, wie man wirkungsvolle Kundendienstsysteme schafft.

Aber die beste Geschichte, die ich je über so ein System gehört habe, betrifft McDonald's und seine Pommes frites.

Als McDonald's mit seinen Untersuchungen begann, wie man immer und überall Pommes frites in gleichbleibend hoher Qualität anbieten könne, gab es noch keine staatlichen Normen für Kartoffeln. Die Landwirtschaftsbehörde der USA hatte kein qualitatives Einstufungssystem für Kartoffeln.

Außerdem wußte niemand darüber Bescheid, wie heiß das Fett für die Pommes frites sein sollte, wie man die Temperatur während des Fritierens konstant halten könne und wie man Kartoffeln am besten lagert.

McDonald's Untersuchungen halfen der Landwirtschaftsbehörde, Qualitätsnormen aufzustellen. McDonald's wußte, welcher Boden sich am besten eignet, um Kartoffeln mit der von ihnen gewünschten Festigkeit anzubauen. Sie haben sogar eigene Fritiergeräte entwickelt, um sicherzugehen, daß die Kartoffeln immer auf die gleiche Art zubereitet würden.

Diese Geschichte verdeutlicht mir, was Kundendienst heißt. McDonald's hat seine Zeit und Aufmerksamkeit dem Anbau, der Lagerung und der Verarbeitung der Kartoffel gewidmet, um den Kunden jedesmal die gleich gute Qualität garantieren zu können. Die Pommes frites sind immer gleich gut, weil alle veränderlichen Größen, welche sich negativ auf die Qualität auswirken könnten, ausgeschaltet wurden. So wie Taguchi sagt: Je mehr Abweichungen Sie eliminieren, desto besser wird Ihr Produkt oder Ihre Dienstleistung sein. Schließlich erwarten auch Sie, daß Ihr Lieblingsdessert in Ihrem Stammlokal immer gleich gut schmeckt.

Im Falle von McDonald's bedeutete die Ausschaltung der Abweichungen, das ganze Wachstum der Kartoffel in den Boden zurückzuverfolgen und festzustellen, wieviel Säure die Erde für den Anbau von Kartoffeln enthalten sollte.

Im ganzen Land haben die besten Leute im Dienstleistungssektor angefangen, wie McDonald's zu denken. Nehmen wir z. B. das Warenwirtschaftssystem. Die Idee dahinter ist ziemlich einfach: Wenn Sie das Produkt, welches der Kunde wünscht, nicht auf Lager haben, können Sie es ihm nicht geben. Und wenn Sie den Wunsch des Kunden nicht erfüllen können, bieten Sie ihm einen schlechten Service.

Wal-Mart bietet dem Kunden einen großartigen Service: Sie haben aber auch das beste Warenwirtschaftssystem aller Einzelhändler. Jeder Artikel hat einen Strichcode, und der Verkauf wird an der Kasse registriert.

Am Abend werden die registrierten Daten von allen Wal-Mart-Filialen nicht nur zu den Wal-Mart-Lagerhäusern, sondern auch zu den Lieferanten der Firma übersandt. So kann der Hersteller dem Geschäft gleich am nächsten Tag die Artikel liefern, von denen es nur noch wenige auf Lager hat.

Vergleichen Sie das mit dem, was in anderen Geschäften passiert, wo der Käufer in regelmäßigen Abständen die Aufträge an den Hersteller gibt. Der Hersteller weiß wenig darüber, wie das Geschäft zwischen den Aufträgen läuft. Beim System, welches Wal-Mart anwendet, passiert das nicht. Der Lagerverwalter und der Hersteller wissen täglich, wieviel von einem Artikel verkauft wurde, was nachbestellt werden muß und was nicht. Das bringt enorme Einsparungen bei den Lagerkosten.

Wal-Mart ging noch einen Schritt weiter. Die Hersteller wurden veranlaßt, die Ware so in Container einzupacken, daß sie im Laden in richtiger und zweckmäßiger Reihenfolge ausgepackt werden kann. (Alle Pullover sind z. B. neben den T-Shirts verpackt.) Außerdem verwendet der Lagerverwalter zur Bestandskontrolle ein Strichcode-Lesegerät. Er muß nichts zählen und nichts aufschreiben. Da die Artikel automatisch überprüft werden, kann nichts falsch codiert werden.

Ich wünschte, wir könnten das gleiche über Autos sagen. Die meisten Automobile haben eine 17stellige Fahrgestellnummer. Da kann es leicht passieren, daß man – wenn man 100 Fahrgestellnummern täglich aufschreibt – zumindest eine Nummer falsch eingibt. Schließlich hat man 1700 Möglichkeiten, einen Fehler zu machen (die 17 Zahlen mal 100 Autos), d. h. selbst wenn man zu 99,9 Prozent richtig arbeitet, sind das beinahe zwei Fehler bei 100 Fahrgestellnummern. – Man sieht, die Strichcode-Methode von Wal-Mart ist viel besser.

Wissen Sie, wer mir das Lagersystem von Wal Mart erklärt hat? David Glass, der Präsident von Wal-Mart. Das zeigt auch, wie wichtig für Wal-Mart Warenwirtschaftssysteme sind. Sie sind tatsächlich eine andere Form des Kundendienstes. Der Präsident der Firma arbeitet bei der Entwicklung dieser Systeme mit und prüft auch, ob diese funktionieren.

Der systematische Ansatz macht 80 Prozent des Kundendienstes aus und ist wirklich wichtig, nicht das Lächeln und das Dankeschön. Der Schlüssel liegt darin, Systeme zu schaffen, die es ermöglichen, dem Kunden jedesmal das zu geben, was er möchte.

CHECKLISTE

- **Was kann schiefgehen? Dies müssen Sie sich fragen, wenn Sie Ihre Systeme erstellen. Untersuchen Sie jeden Schritt, den Sie machen, um Ihr Produkt oder Ihre Dienstleistung anzubieten, und überprüfen Sie, wo es mögliche Fehler oder Abweichungen geben könnte. Dann suchen Sie nach Möglichkeiten, diese zu beseitigen.**
- **Was kann automatisiert werden? Verwenden Sie Computer, wo immer es möglich ist. Dadurch erhöhen Sie nicht nur die Geschwindigkeit jeder Handlung, sondern Sie verringern auch die Möglichkeit von menschlichem Versagen.**
- **Richten Sie Ihre Blicke auf das verarbeitende Gewerbe, wenn Sie gute Leistungen bieten wollen.**

  Diese und nicht die Dienstleistungsunternehmen haben die besten Systeme, welche wir uns zum Vorbild nehmen sollten.

Kapitel 6

Entlassen Sie Ihre Qualitätsprüfer

Qualitätsprüfer bewirken, daß die Leute schlampiger arbeiten. Wenn Sie wissen, daß jemand Ihre Arbeit noch mal überprüft, kontrollieren Sie sie vielleicht selbst nicht mehr. Das haben wir aus schlechten Erfahrungen gelernt.

Wir hatten jahrelang ohne Qualitätsprüfer gearbeitet und lagen beim General-Motors-Index für Kundenzufriedenheit (CSI) im oberen Bereich von 90. Um eine 100prozentige Qualität zu erreichen, entschieden wir uns für 100prozentige Überprüfung. So wollten wir unsere wenigen Probleme beseitigen.

Also stellten wir Qualitätsprüfer ein. Schließlich hatten wir sieben Prüfer, und wir überprüften ständig jeden Arbeitsvorgang. Und wissen Sie, was passierte? Mit unserem CSI und unserer Qualität ging es bergab.

Aufgrund der Prüfer fühlten sich unsere Mechaniker nicht mehr für ihre Arbeit verantwortlich. Sie dachten, daß es nun nicht mehr ihre Aufgabe sei, sich zu vergewissern, daß sie ihre Arbeit völlig richtig gemacht hatten. Sie meinten, dazu seien ja Prüfer da.

Die Mechaniker hatten den Stolz auf die geleistete Arbeit verloren. Sobald wir die Prüfer absetzten, stieg unser CSI wieder und ebenfalls die Qualität der Arbeit. Sie ist jetzt besser als je zuvor, weil sich unsere Angestellten für ihre Arbeit verantwortlich fühlen und weil sie gerne diese Verantwortung übernehmen.

Wenn eine Arbeit falsch gemacht wird, muß die Person, die den Fehler verursacht hat, die Sache wieder in Ordnung bringen, ohne dafür bezahlt zu werden. Schließlich wird die Firma ja auch kein zweites Mal bezahlt.

Und in den seltenen Fällen, wo einer von uns seine Arbei nicht vollkommen richtig macht, leiden wir alle zusammen darunter.

Wenn ein Kunde sein Auto zurückbringt, wird es sofort von demjenigen, der zuerst etwas falsch gemacht hat, nochmals repariert, ohne daß er dafür bezahlt würde. Das ist fair, weil zurückgebrachte Autos nicht nur Unannehmlichkeiten für den Kunden mit sich bringen, sondern auch für die Firma.

Es ist für den Händlerbetrieb schlecht, weil sein Ruf darunter leidet. Außerdem werden wir nicht dafür bezahlt, wenn wir die Fehler wieder in Ordnung bringen. Ganz im Gegenteil: diese Reparatur durchzuführen kostet uns Geld – wir müssen Heizung, Strom, Wasser, Miete und Steuern bezahlen und machen diese Reparatur auch noch kostenlos.

Nachdem wir mit dem Nacharbeiten kein Geld verdienen, soll es die Person, welche den Fehler gemacht hat, auch nicht.

Jedes Auto, das zurückgebracht wird, ist auch Besprechungspunkt in unserer morgendlichen Qualitätsrunde, und der Vorgesetzte des Mechanikers bespricht die Angelegenheit auch mit ihm.

So weiß der Mechaniker, daß die Reparatur nochmals gemacht werden muß, wir wissen es und wir erfahren den Grund dafür.

Nun, manchmal kann der Mechaniker nichts für den Fehler. Eine Glühbirne kann 24 Stunden funktionieren und gibt dann plötzlich ihren Geist auf. Ich habe als Qualitätsprüfer gearbeitet, und viele Autos, die ich im besten Zustand ausgeliefert habe, sind mit Mängeln zurückgekommen, für die wir nichts konnten. Aber dem Kunden ist es egal, was das aufgetretene Problem ausgelöst hat oder wieviel Leute die Reparatur für gut befunden haben. Wenn die Arbeit nicht gut durchgeführt wurde, wird der Kunde das Auto zurückbringen.

Aber, egal was wir tun und wie sorgfältig ein jeder ist, Probleme wird es immer geben. Das ist unvermeidlich. Wir sind alle Menschen und machen Fehler. Und trotz aller Qualitätssicherungsprogramme passiert es auch gelegentlich bei den Herstellern, daß ihnen ein fehlerhaftes Produkt durchrutscht.

Aber statt nur mit den Schultern zu zucken und zu sagen: „Fehler passieren eben", merken wir uns genau, welcher Arbeitsvorgang noch einmal gemacht werden mußte. Nachdem wir unseren Kunden zufriedengestellt haben, suchen wir die Schwachstelle in unserem System, welche den Fehler zugelassen hatte, und beseitigen sie.

Das ist wichtig. Schon vor langem haben wir herausgefunden, daß die Qualität darunter leidet, wenn wir uns nur um die nachträgliche Beseitigung der Probleme kümmern. Natürlich müssen wir die Probleme lösen, aber wenn wir sonst nichts tun, werden die gleichen Probleme immer und immer wieder auftreten. Es ist wirkungsvoller, die eigentliche Ursache für das Problem herauszufinden – wir gehen dabei nach der sogenannten „Wurzel-Analyse" vor – und den gesamten Ablauf ein für alle Mal zu korrigieren. Der Arbeitsablauf muß richtig sein, und der Arbeiter muß das nötige Wissen und das entsprechende Werkzeug haben, um seine Arbeit korrekt ausführen zu können.

Dazu ein Beispiel. Wir hatten einen Mechaniker, der ausgezeichnete Arbeit leistete – bis auf eine Ausnahme. Es gelang ihm nie so richtig, eine Einspritzpumpe zu reparieren. Wenn so ein Problem auftritt, können Sie natürlich ständig Nachreparaturen durchführen, jedesmal wenn sich der Kunde beschwert. Oder Sie können herauszufinden versuchen, was die Ursache für dieses Problem ist. Die Lösung ist oft sehr einfach – wie auch in diesem Fall. Der Mechaniker hatte nie die richtige Durchführung dieser Reparatur gelernt. Wir zeigten sie ihm ganz einfach. So wie Deming gesagt hat, man kann nur das wissen, was man weiß.

Wenn wir einmal das Problem erkannt haben, bestimmen wir es nach der Art der Arbeit, nach dem Mechaniker und nach dem Kundendienstberater. Dann schauen wir uns nach Mustern um. Bekommen wir viele Beschwerden über Reparaturen an Einspritzpumpen? Wenn ja, wann haben unsere Mechaniker zum letzten Mal eine Schulung über Reparaturen an Einspritzpumpen erhalten?

Vielleicht können alle Beschwerden auf einen Kundendienstberater zurückgeführt werden. Vielleicht stellt er die falsche Diagnose, wenn der Kunde mit einem Problem zu ihm kommt.

Ebenso einfach ist für uns, Fehler der Verkaufsabteilung aufzudecken. So verlangen wir z. B. von unseren Leuten, daß sie jedem Kunden den Neu- oder Gebrauchtwagen mit vollem Tank übergeben sollen. Und wenn sie das Auto ausliefern, sollen sie mit dem Kunden einen ersten Servicetermin vereinbaren. Wenn wir merken, daß diese Dinge nicht gemacht wurden, können wir leicht herausfinden, wer den Kunden enttäuscht hat und an wen wir uns wenden müssen – an denjenigen Verkäufer, der dem Kunden das Auto verkauft hat.

Wenn Sie das System reparieren, ist das Problem für immer beseitigt.

CHECKLISTE

- Wenn Sie Qualitätsprüfer haben, entlassen Sie sie. Qualitätsprüfer verbessern die Qualität nicht.
- Bezahlen Sie die Leute nicht zweimal für die gleiche Arbeit. Keiner – weder die Firma noch der Arbeiter – sollten Geld verdienen, wenn eine Arbeit ein zweites Mal gemacht werden muß. Exzellenter Service und Qualitätssicherung sollten Hand in Hand gehen.
- Sprechen Sie über die Fehler. Registrieren Sie jede einzelne Arbeit, die nochmals gemacht werden muß, und führen Sie die Reparatur sofort durch. Danach sollten Sie herausfinden, wie es möglich war, daß es überhaupt zu diesem Fehler kommen konnte.
- Halten Sie täglich Qualitätsbesprechungen ab . . . um sicherzustellen, daß Sie die Möglichkeit haben, über Fehler zu sprechen. An diesem Meeting sollten nicht nur Manager teilnehmen. Laden Sie die Mitarbeiter ein, die die Arbeiten ausführen und direkt mit dem Kunden zu tun haben. Sie sind diejenigen, die in der Regel wissen, was passiert.
- Suchen Sie nach wiederkehrenden Mustern. Sammeln Sie genügend Informationen, so daß Sie mit der Zeit Trends und Problemfelder sofort orten können.

Kapitel 7

Lösen Sie auch Ihr Kundenservicebüro auf

Wenn Sie Ihre Prüfer kündigen, lösen Sie auch Ihr Kundenservicebüro auf. Der Kundendienst ist zu wichtig, um an ein Servicebüro abgegeben zu werden.

Jeder sollte einen Kundenberater verkörpern – so wird es sowieso vom Kunden gesehen. Die Kunden beurteilen die erbrachte Leistung danach, wie sich alle Personen, mit denen sie Kontakt hatten, ihnen gegenüber verhalten haben. Wenn das Kassenpersonal unhöflich ist oder der Verkäufer nicht sehr hilfsbereit, nützt es gar nichts, wenn man im Servicebüro freundlich, zuvorkommend und hilfsbereit ist, er fühlt sich schlecht bedient. Und er hat recht. Er wurde wirklich schlecht bedient.

Diejenigen, die mit Kunden zu tun haben, müssen die Befugnis haben, Probleme zu lösen.

Das führt uns zu einem interessanten Aspekt. Ein altes texanisches Sprichwort besagt, daß der Fußabdruck eines Bauern der beste Dünger ist – damit ist gemeint, daß die Anwesenheit des Bauern (in meinem Fall des Eigentümers) garantiert, daß alles glatt abläuft. Das ist sicher eine Art, sehr guten Kundendienst zu gewährleisten. Gibt es jemand Besseren als den Eigentümer, um sicherzustellen, daß der Kunde bestens bedient wird?

Aber das damit verbundene Problem ist offensichtlich. Wenn der Eigentümer sich selbst um jeden einzelnen Kunden kümmert, kann das Unternehmen nie größer werden, als es eine Person bewältigen kann.

Um dieses Gleichnis weiterzuführen: Der Bauer könnte niemals mehr als einen Bauernhof bewirtschaften. Es scheint sinnvoller, daß der „Bauer“ (Eigentümer) jeden seiner Mitarbeiter zu einem Kundenberater macht. Sagen Sie allen in der Firma: „Wenn ein Kunde ein Problem hat, dann lösen Sie es. Wenn Sie es nicht lösen können, gehen Sie zu Ihrem Vorgesetzten. Wenn er das Problem auch nicht lösen kann, wenden Sie sich an die Geschäftsleitung, aber sorgen Sie dafür, daß das Problem gelöst wird – sofort!“

Dieses Konzept kann sich als schwer durchsetzbar erweisen speziell in einem großen Unternehmen. Vor ungefähr 15 Jahren präsentierte General Motors (GM) ein neues Kundendienstprogramm. Ein Teil davon war, daß GM bei jedem GM-Händler einen Manager für „Kundenbeziehungen" einsetzen wollte. Wie dem auch sei, wir beschlossen, dies nicht zu tun.

Die Idee, die hinter einem Büro für Kundenbeziehung steckt, ist nicht schlecht. Es zeigt, daß Ihnen an den Menschen, mit denen Sie Geschäfte machen, etwas liegt. Aber Sie sollten wissen, daß Sie sich ohne so ein Büro besser um den Kunden kümmern können und in gewisser Hinsicht so auch Ihre Angestellten glücklicher machen. Wir haben über diesen Punkt mit GM jahrelang debattiert.

Dann kam das Ergebnis des Indizes für Kundenzufriedenheit heraus, und wir schnitten besser ab als die Händlerbetriebe mit einem eigenen Kundenservice-Manager. Daraufhin stellte GM fest, daß wir doch kein so schlechter Betrieb seien.

Die Hauptpriorität für unsere Niederlassungen ist die Kundenzufriedenheit. Es ist egal, was Sie tun, wenn Sie den Kunden nicht zufriedenstellen, werden Sie bei uns nicht lange arbeiten. Das wird bei uns deutlich gesagt. Sie können der beste Verkäufer oder der produktivste Mechaniker sein – wenn Ihr Index für Kundenzufriedenheit nicht gut ist, sind Sie die längste Zeit bei uns gewesen. Denn wenn der Kunde nicht mehr kommen will, haben wir alle keine Arbeit mehr.

CHECKLISTE

- **Ein Kundenservicebüro hält Sie vom Kunden fern. Also verzichten Sie darauf.**
- **Ihre Angestellten sollten sich selbst um ihre Kunden kümmern.**

  Geben Sie ihnen die Freiheit. Wenn jeder Angestellte ein Kundenberater ist, muß auch jeder die nötigen Befugnisse bekommen, um den Kunden zufriedenstellen zu können.
- **Nichts und niemand ist wichtiger als der Kunde. Die Angestellten müssen wissen, daß sie gefeuert werden, sobald sie einen Kunden (oder Kollegen) schlecht behandeln – egal wie gut die Arbeit ist, die sie sonst leisten.**

Kapitel 8

Machen Sie alles beim ersten Mal richtig

Leonard L. Berry ist der Direktor des Zentrums für Einzelhandels-Studien an der A&M-Universität in Texas. Er ist auch ein Freund von mir. Len hat fast sein ganzes Leben damit verbracht, sich mit Leuten darüber zu unterhalten, was sie sich vom Kundendienst erwarten. Nach all seinen Studien ist er zu dem Schluß gekommen, daß es am allerwichtigsten ist, dem Kunden gegenüber das Dienstleistungsversprechen einzuhalten. „Die Erwartungen der Kunden gegenüber den Dienstleistungsanbietern sind unmißverständlich", erklärt Berry seinen Studenten und den Firmen, die ihn als Berater anstellen. „Kunden erwarten von Dienstleistungsbetrieben ein gutes Erscheinungsbild, daß sie entgegenkommend, vertrauenerweckend, einfühlsam und vor allem verläßlich sind. Kunden verlangen von den Firmen, daß sie wirklich das tun, was sie versprechen.

Diese Aussage wird zu Recht besonders stark betont. Über nichts ärgert sich ein Kunde mehr als über leere Versprechungen.

Denken Sie an die Fluglinie People Express. Die Grundidee war hervorragend. Sie konnten mit dieser Fluglinie zu einem Spottpreis von A nach B fliegen – in manchen Fällen für 19 Dollar. Sie wurden in eines dieser Flugzeuge ohne jeden Schnickschnack hineingequetscht, zahlten pro eingechecktem Gepäckstück zusätzlich 3 Dollar sowie 50 Cents für eine Tasse Kaffee während des Fluges. Aber all das störte die Passagiere nicht, denn der Flug zu Ihrem Zielort war billiger als die Busfahrt dorthin.

Die Idee war großartig. Aber letztendlich scheiterte People Express doch, und der Grund dafür war einfach: Die Firma hat ihr Versprechen nicht gehalten. Die Flugzeuge hatten immer Verspätung, und außerdem konnte man sich nie hundertprozentig sicher sein, ob die Flüge überhaupt gingen. People Express hat das von Len Berry genannte Dienstleistungsversprechen nicht gehalten.

Das weltweit beste System, um einen guten Kundendienst anbieten zu können, ist auch das einfachste: Tun Sie das, was Sie versprochen haben zu tun, und machen Sie es sofort beim ersten Mal richtig.

Bei Gesprächen über Kundendienst wird zu häufig nur darüber geredet, was zu tun ist, wenn jemand etwas falsch gemacht hat. Natürlich ist es wichtig, Wiedergutmachung zu leisten, aber wenn Sie alles gleich von Anfang an korrekt gemacht hätten, müßten Sie sich nicht entschuldigen. Das mindeste, was ein guter Kundendienst erfordert, ist, daß Sie die Arbeit beim ersten Mal richtig machen.

Lexus ist das beste Beispiel. Die übliche Binsenweisheit von Neuwagenkäufern lautete immer: „Kaufe niemals ein Auto innerhalb des Einführungsjahres. Laß ihnen Zeit, die Kinderkrankheiten zu beheben."

Aber die heutigen Konsumenten geben den Herstellern keine Schonfrist mehr. Sie haben keinen Grund mehr zu warten. Schließlich gibt es bereits genügend Qualitätsprodukte am Markt. Entweder Sie machen es beim ersten Mal richtig oder Sie riskieren, für immer hinterherzuhinken.

Lexus unter der Leitung von Dave Illingworth und Ted Toyota hat es richtig gemacht. Die beiden haben sieben Jahre mit der unnachgiebigen Suche nach Perfektion verbracht. Sie haben anstelle der üblichen zwölf Prototypen 400 gebaut und häufig Zielgruppenbefragungen durchgeführt. Dave arbeitete regelmäßig 100 Stunden wöchentlich, und Ted, der persönlich sicherstellen wollte, daß bei dem Projekt nichts übersehen würde, übersiedelte mit seiner Familie nach Amerika. Es wurde nichts übersehen. Alles hat beim ersten Mal geklappt.

Das Wichtigste für den Kunden ist: Haben Sie das gemacht, was Sie versprochen haben? Die Einhaltung Ihres Versprechens zählt mehr als alles Einfühlungsvermögen, Lächeln und alle Gastfreundschaft der Welt.

Tun Sie das, was von Ihnen erwartet wird und wann es von Ihnen erwartet wird. Diese Art Kundendienst zu leisten ist so einfach, daß die Leute dazu neigen, es zu vergessen. Aber jedem gefällt es, wenn Dinge reibungslos ablaufen. Das Problem ist, daß sie es nicht immer tun. Wie oft ist es vorgekommen, daß das Restaurant Ihr Essen schlecht zubereitet hat? Oder die Fluglinie Ihr Gepäck verloren hat? Und hat es nicht den Anschein, als ob der Kopierer immer 30 Minuten nachdem der Servicedienst das Haus verlassen hat, kaputtgeht?

Im Laufe der Jahre haben wir eine 10-Punkte-Checkliste als Gedächtnisstütze entwickelt, die uns hilft, die Arbeit beim ersten Mal richtig durchzuführen. Ich gebe Ihnen gleich ein Beispiel, wie wir diese Checkliste für eine neue Idee, die wir ausprobieren wollten, angewendet haben, damit Sie sehen, wie so etwas in der Praxis funktioniert. Aber zuerst die Checkliste:

1. Welchen Vorteil hat der Kunde davon?
2. Ist dieser Vorteil für den Kunden leicht ersichtlich?
3. Welche Auswirkungen werden diese neuen Ideen, Programme oder Systeme auf die Arbeit unserer Angestellten haben?
4. Wie beeinflußt es unsere bestehenden Systeme?
5. Betreibt es jemand anders erfolgreich? Was können wir aus seinen Erfahrungen lernen?
6. Was könnte schiefgehen?
7. Werden wir dadurch einen Wettbewerbsvorteil haben?
8. Wieviel wird es kosten?
9. Wird es Geld einbringen?
10. Wann sollen wir es bewerten?

Bevor wir unsere Vorgehensweise ändern, stellen wir uns immer diese zehn Fragen. Erst wenn wir jede einzelne befriedigend beantwortet haben, fahren wir fort.

Hier ist das Beispiel, wie wir die Liste vor kurzem angewandt haben. Es wurde vorgeschlagen, daß wir in unserer Werkstatt einen Expreß-Abfertigungsschalter einrichten sollten, so wie ihn Hotels haben.

Wir würden den Kunden bitten, uns bei der Abgabe seines Autos zur Reparatur seine Kreditkarte zu übergeben. Dann, nach erfolgter Reparatur, würden wir das Rechnungsformular ausfüllen, in das Handschuhfach legen, das Auto absperren und es vor das Gebäude stellen, so daß der Kunde es jederzeit abholen kann.

Die Idee klang gut. Die Kunden müßten sich nicht mehr anstellen, um bezahlen zu können, und, wie gesagt, sie wüßten im voraus, was die Reparatur kosten wird, da wir verbindliche Kostenvoranschläge abgeben.

Als ich diese Idee zum ersten Mal hörte, gefiel sie mir sehr gut, und deshalb wendete ich unsere Checkliste an, um zu sehen, ob ich etwaige Probleme übersehen hätte.

1. **Welchen Vorteil hat der Kunde? Die Antwort ist leicht. Der Kunde muß weniger Zeit bei uns verbringen und er hat dadurch eine Unannehmlichkeit weniger**

2. **Ist dieser Vorteil für den Kunden leicht ersichtlich? Das ist ein wichtiger Punkt. Der Kunde wird die Vorteile einer neuen Idee nicht nutzen – egal wie gut sie ist –, wenn sie für ihn nicht sofort erkennbar sind.**

   Dieses Problem schienen wir nicht zu haben. Sobald wir den Ausdruck „Expreß-Abfertigung" verwendeten, dachten die Kunden sofort an die Art der Bezahlung in Hotels. Selbst die Kunden, die nur selten in Hotels übernachten, begriffen dieses Konzept schnell, nachdem wir es Ihnen erklärt hatten.

3. **Welche Auswirkungen wird diese Idee auf die Arbeit unserer Angestellten haben? In diesem Fall minimale. Für unsere Kundendienstberater bedeutete sie etwas mehr Arbeit. Sie mußten bei der Abgabe des Autos durch den Kunden einen Abzug der Kreditkarte machen. Aber da dafür unser Kassenpersonal weniger Arbeit haben würde – nach Einführung dieses Programmes müssen sie sich mit weniger Kunden befassen –, fiel es nicht ins Gewicht.**

4. **Wie beeinflußt es unsere bestehenden Systeme? Überhaupt nicht. Der einzige Hauptunterschied wäre die Art der Rückgabe des Fahrzeuges an den Kunden. Nach erfolgter Reparatur wird der Mechaniker das Auto nicht auf dem rückwärtigen Parkplatz, sondern vorne parken.**

5. **Betreibt es jemand anders erfolgreich? Was können wir aus seinen Erfahrungen lernen? Ich möchte nicht gerne ein Pionier sein. Nach einem alten Sprichwort sind Pioniere diejenigen, die die Pfeile in den Rücken bekommen. Wenn immer es geht, wollen wir von den anderen abschauen und von ihren Fehlern lernen, anstatt selbst diese Fehler zu machen.**

In diesem Fall konnten wir uns einfach an den vielen Hotels orientieren, die eine Expreß-Abfertigung haben.

6. Was könnte schiefgehen? Vieles, aber es stellte sich heraus, daß keines der möglichen Probleme unüberwindbar war. Erstens könnten die Autos gestohlen werden. Sie würden nicht mehr hinter versperrten Toren geparkt sein, sondern außerhalb, wo es für den Kunden – und leider auch für Autodiebe – leichter ist, den Wagen abzuholen. Aber wir haben uns dann gedacht, daß eigentlich nichts passieren sollte, wenn wir die Autos dort parken, wo sie von unseren Fenstern aus zu sehen sind und solange sie abgesperrt sind.

   Aber mit dem Versperren der Autos gab es ein neues Problem. Denn nur wenn der Kunde zwei Autoschlüssel hat, kann unser System funktionieren. Den Schlüssel, den der Kunde uns überlassen hat, hinterlegen wir im verriegelten Auto, nachdem es repariert worden ist. Das heißt, er benötigt einen zweiten Schlüssel, um zu öffnen. (Bis jetzt haben wir den Schlüssel bei der Bezahlung dem Kunden übergeben.) Wir mußten sicherstellen, daß jeder Kunde einen Zweitschlüssel besitzt. Wenn er keinen hat, ist das kein Aufwand. Wir verfügen bereits über einen Schlüsselschneider. Die einzige Schwierigkeit besteht darin, daß man nicht vergessen darf, den Kunden zu fragen, ob er einen Zweitschlüssel braucht.

   Am größten Problem kamen wir leider nicht vorbei: Es gibt Kunden – nicht viele, vielleicht auch nur eine Handvoll –, die uns nicht vertrauen. Sie wollen uns einfach keinen Abzug ihrer Kreditkarte überlassen, bevor wir unsere Arbeit gemacht haben – obwohl sie wissen, daß wir nicht mehr, als in unserem Kostenvoranschlag angegeben, verrechnen dürfen. Es gelang uns in keinster Weise, diese Leute zu überzeugen, und deshalb ließen wir es bleiben. Aber allen anderen gefiel unsere Idee.

7. Werden wir dadurch einen Wettbewerbsvorteil haben? Ja. Das war etwas, was die anderen nicht hatten. Wir hätten dadurch ein zusätzliches Mittel, um im Wettbewerb vorne zu bleiben.

8. Wieviel wird es kosten? Nicht viel. Wir müßten ein paar Broschüren drucken, die das Programm beschreiben, und einige Aufkleber mit folgender Aufschrift bestellen: „Fragen Sie nach der Expreß-Abfertigung." Die Gesamtkosten lagen bei ca. 500 Dollar.

9. Werden wir damit Geld verdienen? Wir glauben, daß alles, was dem Kunden das Leben erleichtert, Geld einbringt. Der Kunde hat noch einen Grund mehr, mit uns im Geschäfte zu bleiben.

10. Wann sollen wir es bewerten? Wir entschieden uns, das Programm monatlich zu überprüfen, um zu sehen, wie es funktioniert. Bis jetzt gefällt es vielen Kunden.

Dazu sollten noch einige Punkte berücksichtigt werden. Erstens: „Es beim ersten Mal richtig zu machen" sollte bereits beim Produkt beginnen. Unser Produkt sollte das beste am Markt sein. Je besser es ist, um so geringer ist die Wahrscheinlichkeit, daß der Kunde damit Schwierigkeiten haben wird. (Wir werden noch im Abschnitt VIII „Leicht verkäufliche Produkte schaffen" darauf zurückkommen.)

Zweitens: eine Variation der „Goldenen Regel" kommt hier ins Spiel: Geben Sie den Kunden das, was auch Sie selbst gerne haben.

Wenn der Kunde den Unterschied zwischen dem Produkt A und dem Produkt B nicht kennt, empfehlen wir ihm jenes, das wir gut finden, das wir für ihn als am besten geeignet erachten. Wir sollten auch dann so handeln, wenn wir beim Verkauf des anderen Produktes, mit einer höheren Handelsspanne, mehr verdienen würden.

Wenn wir dem Kunden etwas mit ruhigem Gewissen verkaufen, so hat er letztendlich das, was er braucht, und wir haben unsere Arbeit richtig gemacht.

CHECKLISTE

- Halten Sie Ihr Versprechen. Um guten Kundendienst anbieten zu können, müssen Sie zumindest das erfüllen, was von Ihnen erwartet wird – und zwar rechtzeitig.
- Verkaufen Sie das Produkt, das Ihnen am liebsten ist. Empfehlen Sie dem Kunden nur das beste Produkt oder die beste Methode. So wird er letztendlich glücklicher sein, als wenn Sie versuchen, ihn übers Ohr zu hauen, und ihm etwas verkaufen, was er eigentlich nicht braucht. Das Ergebnis ist, daß der Kunde wahrscheinlich wieder zu Ihnen kommt.
- Sie wissen, daß Sie sich auf dem richtigen Weg befinden ... wenn Kunden damit zu rechnen beginnen, daß bei Ihnen immer alles klappt. Sie sollten wünschen, daß die Kunden dies für selbstverständlich halten.

Kapitel 9

Wenn etwas schiefgeht

Was passiert, wenn etwas schiefgegangen ist?

Obwohl wir nur die besten Leute eingestellt haben, ständig betonen, wie wichtig es ist, daß alles gleich beim ersten Mal richtig gemacht wird, und wir alle nötigen Systeme haben, die uns garantieren sollen, daß nichts passieren kann, wird es doch zu Fehlern kommen. Was machen Sie dann?

Das ist eine wichtige Frage. Denn oft beurteilen uns die Kunden nach der Art und Weise, wie wir mit ihrem Problem umgehen. Es wird von uns erwartet, daß wir gute Arbeit leisten – das ist für unsere Kunden selbstverständlich. Sie erinnern sich nur an Fehler, die uns unterlaufen sind.

Was können wir also tun?

Zuerst entschuldigen wir uns. Dann bringen wir die Sache in Ordnung.

Sofort.

In den vergangenen 20 Jahren habe ich herausgefunden, daß das die beiden Schlüssel zur erfolgreichen Reklamationsbehandlung sind.

Zuerst die Entschuldigung.

Wir müssen unsere Fehler als ernste Angelegenheit nehmen. Einerseits, weil wir etwas falsch gemacht haben und der Fehler nicht hätte passieren dürfen, und andererseits, weil ein Problem – egal welches – für den Kunden eine ernste Angelegenheit ist.

Lassen Sie uns einfach mal annehmen, daß wir nicht im Kfz-Geschäft tätig sind, sondern eine Kette von Blue-Jeans-Geschäften besitzen. Wir verkaufen vielleicht täglich 1000 Jeans, und der Wahrscheinlichkeit nach haben vier davon irgendeinen Fehler. Das heißt, wenn wir morgens zur Arbeit gehen, wissen wir immer, daß es vier Probleme geben wird. Das macht 20 Probleme pro Woche, 1000 pro Jahr, und nach einer Weile werden wir uns vielleicht einreden: „Wir machen eigentlich unsere Sache doch ziemlich gut. Von 1000 Stück, die wir verkaufen, sind 996 vollkommen in Ordnung."

Der gelegentlich auftretende Fehler ist für uns vielleicht keine große Sache, aber für den Kunden schon. Er kauft sich ja nicht 1000 Jeans oder 100 – nicht einmal 10. Er kauft eine. Und er möchte von uns nicht hören, daß so ein Fehler schon mal passieren kann, wenn er die Jeans zurückbringt. Soweit es diesen Kunden betrifft, haben wir eine Fehlerquote von 100 Prozent – er hat sich eine Jeans gekauft, und die hatte einen Fehler.

Es interessiert ihn nicht, daß sich andere Kunden nicht beschweren und wir eine Erfolgsrate von 99,6 Prozent haben. Er hat ein Problem und möchte wissen, was wir jetzt tun werden.

Zunächst muß er wissen, daß uns der Fehler aufrichtig leid tut.

Normalerweise reicht eine mündliche Entschuldigung aus. Aber wenn es sich um eine größere Angelegenheit handelt, sollten wir uns schriftlich entschuldigen oder anrufen, oder sogar – wenn es das Problem verlangt – ein Dutzend Rosen zustellen lassen (z. B. wenn der Verkäufer vergessen hat, das Auto zum Service abzuholen).

In der Regel entschuldigt sich derjenige, der mit dem Kunden zu tun hat (Verkäufer, Kundendienstberater). Aber wenn es sich um größere Sünden handelt, machen das der Abteilungsleiter oder ich persönlich. Wenn wir zum Beispiel mit Ihrem Auto einen Unfall bauen – und das passiert hie und da –, wird sich jeder entschuldigen. (Natürlich reparieren wir auch Ihr Auto oder ersetzen es.)

Egal, wie wir uns nun entschuldigen – der Kunde muß erkennen, daß wir es ernst meinen. Wir besitzen kein vorgedrucktes Entschuldigungsformular, mit dem man alle Probleme abdecken kann und das wir im Bedarfsfall versenden. Das wäre genauso schlimm, wie gar nichts zu tun. Die Art, wie wir uns an den Kunden wenden, muß ihm die Sicherheit geben, daß wir das Problem wirklich zutiefst bedauern. Schließlich sind wir im Geschäft, um uns um Kunden zu kümmern, und nicht, um ihnen Probleme zu bereiten.

Also, die Entschuldigung ist der erste Punkt bei der Reklamationsbehandlung. Aber es reicht nicht aus, sich nur zu entschuldigen. Danach müssen wir den Fehler oder das Problem beheben. Das folgende Beispiel handelt von einem Auto, das uns zurückgebracht wurde, weil wir es nicht richtig repariert hatten.

Sofort nachdem wir uns entschuldigt haben, bringen wir das Auto in die Werkstatt, wo sofort daran gearbeitet wird, egal, wie viele Autos noch auf uns warten. Derjenige Mechaniker, der beim Auto die erste Reparatur durchgeführt hat, wird diese Arbeit erledigen.

Ehe er jedoch mit der Arbeit beginnt, wird sein Vorgesetzter mit ihm reden. Es kann ja sein, daß den Mechaniker keine Schuld trifft. Vielleicht hat er vom Kundendienstberater falsche Instruktionen erhalten, oder das Teil, das er eingebaut hat, war fehlerhaft. Gleichgültig wie es zu dem Fehler kam – man muß dafür Sorge tragen, daß der Mechaniker mit gutem Gefühl an die Arbeit geht.

Wir bauschen unsere Fehler auf – wir sprechen mit dem Mechaniker, dem Kundendienstberater und dem Abteilungsleiter – und so wird es allen bewußt, wie wichtig es ist, seine Arbeit gleich beim ersten Mal korrekt zu machen.

Niemand möchte zwar hören, daß er schlechte Arbeit geleistet hat, aber Kritik vom Kunden ist wertvoller als Lob. Sie erwarten vom Kunden, daß er es Ihnen sagt, wenn Sie etwas falsch gemacht haben, damit Sie sich des Problems annehmen können und sicherstellen, daß es ihm oder anderen nicht mehr zustoßen wird. Wenn der Kunde keine Kritik übt, wird er kopfschüttelnd weggehen und nie mehr wiederkommen. Und was noch schlimmer ist, sie werden ziemlich sicher den gleichen Fehler an einem anderen Kunden wieder begehen.

Es gibt einen egoistischen Grund, warum wir das alles tun: Es bringt uns mehr Gewinn, es verringert die Arbeit, die wir gratis machen müssen, und es senkt den Streßfaktor gegenüber dem Kunden.

Eine der schönsten Erfahrungen in meiner Arbeit ist es, jemandem zu begegnen, der mir sagt, wie zuvorkommend er behandelt wurde und wie reibungslos alles ablief.

Sehr unangenehm hingegen ist es, eine Beschwerde entgegenzunehmen. Oh, wie ich es hasse, wenn jemand sagt: „Sie glauben, Sie haben einen hervorragenden Ruf, aber nun hören Sie sich mal an, was mir passiert ist.“ Ich fühle mich einfach wahnsinnig schlecht, wenn mir jemand so etwas erzählt, auch wenn er versucht, es mir schonend beizubringen.

Doch sowenig gerne ich Kritik höre, möchte ich doch, daß uns die Kunden ihre Unzufriedenheit mitteilen. Wir müssen wissen, was wir falsch gemacht haben, sonst können wir es nicht beheben.

Wir müssen es dem Kunden leichtmachen, unsere Schwachstellen aufzuzeigen.

Einige Kunden möchten es uns ins Gesicht sagen, um sich gleich abreagieren zu können. Während sie ihr Problem beschreiben, versuchen wir, sie nicht zu unterbrechen – auch wenn wir schon nach einigen Worten wissen, was passiert ist und wie man es wieder in Ordnung bringen kann. Wir müssen ihn ausreden lassen. Er muß sich abreagieren können. Andere Kunden beschweren sich lieber auf eine andere Art. Deswegen haben wir an unserer Kasse diese Formulare mit den drei Fragen aufliegen, deswegen führen wir auch andere Kundenbefragungen durch und arbeiten mit Kundenparlamenten.

Wir möchten von den Kunden erfahren, was wir falsch machen. Wenn sie es uns nicht sagen, werden sie mit der Zeit die Geschäftsbeziehung abbrechen.

Jede Umfrage, die gemacht wurde, zeigt, daß wir gute Chancen haben, den Kunden zu behalten, wenn wir uns für unsere Fehler entschuldigen und diese beheben. Ganz egal, wie unangenehm es für uns ist, wir müssen herausfinden, was wir falsch gemacht haben. Leider ist dies der einzige Weg, der es uns ermöglicht, in der Zukunft besser zu arbeiten.

Zum Thema Fehler muß noch etwas anderes gesagt werden. Wenn Sie sehr hohe Standards setzen, gibt es immer wieder Leute, die Sie gerne scheitern sehen möchten. Sie suchen nach Kaugummipapier auf dem Parkplatz oder nach einem Angestellten, der nicht ganz so nett war, wie man es erwartet hätte. Diese Leute warten nur darauf, Ihnen auf die Füße zu treten.

Aber das macht nichts. Das gibt Ihnen nur noch einen weiteren Grund, Fehler zu vermeiden und sich immer weiter zu verbessern.

CHECKLISTE

- **Wenn etwas falsch läuft . . . und das passiert ganz sicher einmal, Sie können es nicht verhindern, entschuldigen Sie sich. Das ist einfach, und dem Kunden gefällt es, trotzdem entschuldigen sich die wenigsten. Danach beheben Sie den Fehler in Anwesenheit des Kunden.**
- **Machen Sie es dem Kunden leicht, sich zu beschweren. Es ist zwar unangenehm, aber Sie haben dadurch die Gelegenheit, den Fehler wiedergutzumachen.**
- **Die Leute sollen Ihnen das Leben schwermachen. Indem Sie sich selber hohe Maßstäbe setzen, ermutigen Sie einige Leute, jede nur mögliche Schwachstelle aufzuspüren. Aber das ist gut, denn das gibt Ihnen einen weiteren Grund dafür, Schwachstellen sofort zu eliminieren.**
- **Jeder hat mal einen schlechten Tag. Auch Kunden. Sollten Ihre Kunden einmal die Beherrschung verlieren, vergeben Sie ihnen. Geben Sie sich besondere Mühe, damit es ihnen leichter fällt, zurückzukommen. (Es könnte den Kunden etwas peinlich sein.)**

Kapitel 10

Wie Sie genau das bieten können, was Ihre Kunden wünschen

Wie schon früher erwähnt, ist es für einen guten Kundendienst am besten, den Kunden nach seinen Wünschen zu fragen und sie dann zu erfüllen.

Aber wie können Sie dem Kunden das Gewünschte geben, wenn Sie es nicht haben?

Das können Sie nicht.

Das bringt uns zur Wichtigkeit des Lagers und des Lagersystems.

Um sicherzustellen, daß Sie den Kunden niemals enttäuschen müssen, könnten Sie sich ein riesengroßes Lager anlegen. Das ist allerdings eine sehr teure Lösung. Die hohen Kosten eines zu großen Lagers und zuwenig Verkäufe führen Sie sicher in den Bankrott.

Die bessere Lösung ist ein System, das Ihre Bestände analysiert und Ihnen bekanntgibt, was Sie auf Lager haben sollten und was nicht. Außerdem sollte dieses System auch Ihre Kapitalkosten berechnen (unser Neuwagen-, Gebrauchtwagen- und Teilelager im Wert von 20 Mio. Dollar kostet uns bei einer jährlichen Verzinsung von 9,75 Prozent 1,95 Mio. Dollar pro Jahr).

Hier ist ein Beispiel unseres Neuwagenlagers: Wir möchten einen Neuwagenbestand für 45 Tage auf unserem Platz stehen haben, und diese Zahl verringert sich ständig. Die herkömmlichen Richtlinien der Hersteller empfehlen den Händlern, einen Lagerbestand für 60 bis 90 Tage, aber nachdem der Preis für Autos gestiegen ist – was auch unsere Zinskosten erhöht –, haben wir unseren Lagerbestand reduziert. Er beträgt jetzt 45 Tage und wird sich noch verringern, wenn es die Hersteller schaffen, den Zeitraum zwischen Bestellung und Auslieferung zu verkürzen. Heute dauert es ca. sechs Wochen, bis wir ein Auto bekommen, aber Gary Cowger, der Herstellungsguru von Cadillac, möchte diese Zeit auf zwei Wochen verkürzen.

Unser Lagerbestand erstreckt sich über alle Modelle – wir möchten einen 45-Tages-Bestand an Coupé de Villes, einen 45-Tages-Bestand an

Fleetwoods etc. haben. Wenn wir dann von dem einen viel verkaufen und von dem anderen wenig, wissen wir genau, was wir bestellen müssen und was nicht.

Wenn wir uns die Verkaufszahlen bestimmter Modelle anschauen (Eldorado) und diese den Gesamtverkäufen (alle Cadillacs) gegenüberstellen, haben wir die Möglichkeit, die gefragtesten Modelle nachzubestellen, selbst wenn der Gesamtverkauf nicht besonders gut läuft (was immer der Fall ist, wenn eine Sonderaktion endet). Es besteht die Versuchung, gar nichts zu bestellen, wenn das Geschäft nicht gutgeht. Aber damit schneidet man sich ins eigene Fleisch.

Wir werten unseren Lagerbestand auch nach dem Alter aus. Wenn ein Auto noch nach 45 Tagen unverkauft auf seinem Platz steht, dann gibt es einen Grund dafür. Wahrscheinlich stimmt irgend etwas mit dem Auto nicht. Vielleicht hat es eine unbeliebte Farbe, ist schmutzig oder ist in einer Ecke abgestellt. Wir müssen herausfinden, was der Grund dafür ist. Es ist genauso wichtig zu wissen, warum sich etwas nicht verkaufen läßt, wie, warum etwas verkauft wird.

Aber die wichtigste Maßeinheit für uns ist die Verfügbarkeit. Zum Beispiel: Wie oft haben wir das Produkt lagernd, welches der Kunde wünscht? Wenn der Kunde etwas möchte, was wir nicht haben, betrachten wir seine Anfrage als entgangenes Geschäft. Wir beschäftigen uns sehr genau mit diesen entgangenen Geschäften. Auch das ist eine Bestellhilfe. Es passiert zu oft, daß sich Einkäufer nur auf ihren Instinkt verlassen, aber Instinkt allein ist nicht ausreichend. Sie müssen ganz genau wissen, was der Kunde wünscht.

Wenn ein Kunde etwas verlangt, was Sie nicht haben, versuchen Sie, einen Wettbewerber anzurufen und einen Handel abzuschließen. Solange beide Seiten davon profitieren, wird Ihr Wettbewerber wahrscheinlich zustimmen.

Die Lagermenge eines bestimmten Produktes hängt davon ab, wie schnell es sich verkauft, wie lange die Wiederbestellung dauert und wie hoch unsere Zinskosten sind.

Je kürzer der Abstand von Bestellung zu Lieferung ist, desto weniger müssen wir auf Lager haben. Wenn wir z. B. 200 Stück Ölfilter pro Woche brauchen, ist es sinnlos, einen 45 Tages-Bestand zu haben. Das wäre ein Haufen Geld im Lager gebunden. Da wir wissen, daß wir 200 Stück pro Woche verkaufen, könnten wir 400 Stück auf Lager legen und wöchentliche Nachbestellungen machen.

Lexus hat weltweit das beste Lagerwirtschaftssystem für Autoteile. Es erlaubt uns, Bestellungen täglich durchzuführen. Das bedeutet für uns – und für Lexus – bessere Verfügbarkeit und geringere Lagerkosten.

Um herauszufinden, wie lange Produkte bei uns im Regal liegen, verwenden wir farbige Schilder. Jede einzelne Ware hat eines, und durch die Farbe erkennen wir sofort, wie lange dieser Artikel schon auf Lager ist. Ein blaues Schild bedeutet zum Beispiel einen Wareneingang im Januar, ein rotes Schild im Februar – das ist leicht verständlich.

Wenn Sie z. B. als Einzelhändler in der Bekleidungsbranche tätig sind, können Sie das gleiche etwas raffinierter machen. Da sich Ihr Lager ja eigentlich im Verkaufsraum befindet und von den Kunden gesehen wird, können Sie anstelle von farbigen Schildern beispielsweise Dreiecke oder Quadrate auf die Preisschilder kleben (wir verwenden farbige Punkte, die wir in den Autos auf die Rückseite des Rückspiegels kleben).

All diese Ideen tragen dazu bei, das Lager zu begrenzen und die Kosten zu verringern. Aber selbst mit dem besten Lagerwirtschaftssystem der Welt werden Sie nicht immer das haben, was Ihr Kunde will.

Eine Möglichkeit, Ihren Lagerbestand kostenlos vergrößern zu können, ist eine Handelspartnerschaft mit Kollegen Ihrer Branche. Zum Beispiel: Sie führen ein Damenbekleidungsgeschäft. Sie sollten mit benachbarten Bekleidungsgeschäften eine Partnerschaft bilden, um gegebenenfalls zu tauschen, wenn Sie das Gewünschte nicht auf Lager haben. Angenommen, Sie setzten auf die Farbe Schwarz und Ihr Handelspartner auf Grün, so können Sie sich bei Bedarf gegenseitig aushelfen.

Was uns betrifft, so handeln und tauschen wir ständig mit anderen Autohändlern, sogar mit Wettbewerbern, und wir scheuen keine Mühe, um den Wunsch unseres Kunden zu erfüllen. Zum Beispiel: Wenn ein Kunde ein Auto unbedingt in einer seltenen Farbkombination wünscht, ist uns kein Weg zu weit. Wir haben sogar schon mit Autohändlern aus Seattle zusammengearbeitet.

Die Möglichkeit, Waren auszutauschen, erlaubt es Ihnen, Ihr Lager zu erweitern, ohne dafür zu bezahlen. Wir finden, dies ist eine sehr brauchbare Idee.

CHECKLISTE

- **Ist es auf Lager? Sollte es das sein? Wie lange ist es schon auf Lager? Wieviel davon sollten wir haben? Wenn Ihr Lagerwirtschaftssystem diese Fragen nicht beantworten kann, machen Sie es sich selbst schwer, einen guten Kundenservice zu bieten.**
- **Was kostet Sie Ihr Lager? Wenn Sie sorgfältig beobachten, was vorrätig ist, können Sie die Umschlagsgeschwindigkeit verkürzen und so die Lagerkosten senken.**
- **Messen Sie den Zeitraum von Bestellung bis Lieferung für jeden Lieferanten und bemühen Sie sich um ein „Just in time"-Lagersystem.**
- **Gründen Sie Handelspartnerschaften. Schließlich wollen Sie keinen Kunden verlieren, nur weil Sie das gewünschte Produkt nicht auf Lager haben. Nehmen Sie sich Handelspartner aus Ihrer Nähe, damit Sie im Bedarfsfall sofort die fehlende Ware erhalten.**

Kapitel 11

Gut ist nicht gut genug

Wir waren der erste Autohändler in Texas, der dem Kunden, dessen Fahrzeug bei uns in Reparatur war, ein Auto kostenlos zur Verfügung stellte, und auch der erste Händler, der samstags die Werkstatt ganztägig offenhielt. Dies verschaffte uns für einige Jahre einen enormen Vorsprung gegenüber der Konkurrenz. Das Problem war, dieser Vorsprung hielt nicht ewig. Unsere zwei größten Wettbewerber machten es uns schließlich nach und besitzen heute die zweit- und drittgrößte Flotte an Leihautos im Land (jeder von ihnen hat ca. 50 Autos, wir besitzen insgesamt 257). Außerdem haben sie jetzt auch samstags geöffnet.

Wir beschlossen, noch mehr zu tun, und dehnten unsere Öffnungszeiten für die Werkstatt auf 20.00 Uhr aus. So muß sich niemand abhetzen, um noch vor Geschäftsschluß um 18.00 Uhr bei uns zu sein.

Wieder wurde es uns nachgemacht.

Wir setzten noch höher.

Für unsere Cadillac- und Lexus-Verkäufer stellten wir Assistenten an. Diese bringen unsere Leihwagen direkt zu den Kunden und fahren von dort mit den Autos der Kunden zu uns. Nach der Reparatur bringen sie den Wagen wieder zum Kunden zurück und holen den Leihwagen ab. Auf diese Weise muß der Kunde überhaupt nicht zu uns kommen.

Wann werden diese ständigen Verbesserungen unseres Kundendienstes aufhören? Nie. Wenn wir mehr Kunden gewinnen wollen – und die jetzigen behalten –, müssen wir ihnen mehr Gründe geben, warum sie zu uns kommen sollen.

Wir bringen immer neue Ideen ein und verbessern bereits bestehende, denn den Kunden kümmert es nicht so sehr, wer sie zuerst hatte. Wenn jemand dem Kunden mehr bietet als wir – sei es besseren Service, mehr Bequemlichkeit, sehr viel günstigere Preise –, so werden wir den Kunden verlieren, gleichgültig was wir für ihn in der Vergangenheit gemacht haben.

Das bedeutet, daß wir unsere Standards hoch ansetzen und ständig erhöhen müssen. Wir müssen es, weil Satchel Paige nicht recht hat.

Paige spielte Baseball, bis er 50 war oder noch älter, und war ein großartiger Werfer. Niemand wußte genau, wie alt er war. Am Ende seiner Karriere wurde er nach dem Geheimnis seines langen, gesunden Lebens gefragt.

„Warum", wollte ein Journalist wissen, „konnten Sie so lange Werfer sein?"

„Ich habe immer bei allem Maß gehalten und es vermieden, fritierte oder fette Sachen zu essen", antwortete Paige.

„Gibt es irgendeinen Rat, den Sie gerne weitergeben möchten?" fragte der Journalist.

„Ja", sagte Paige, „schauen Sie niemals zurück, man könnte Sie einholen."

Das ist eine großartige Geschichte. Aber wir schauen lieber nach hinten, vorne und rundherum. Denn die Konkurrenz kommt tatsächlich ständig näher an uns heran – wie aus oben erwähntem Beispiel der Öffnungszeiten und Leihautos ersichtlich. Es ist zwar schon ein Klischee, aber es stimmt: Wenn man sich nicht verbessert, wird man schlechter. Die Japaner nennen diesen Prozeß der ständigen Verbesserung „kaizen". Aber egal wie man ihn nennt, wichtig ist, daß man es tut. Um überleben zu können, ist es unerläßlich, sich ständig zu verbessern.

Wir tun das auf verschiedene Weise:

Zunächst einmal gehen wir als Kunden in die Geschäfte unserer Mitbewerber. Wir überprüfen ständig, ob man dort ein Programm eingeführt hat, das wir nachahmen sollten. Außerdem wollen wir sehen, wie sie sich gegen uns behaupten. Als wir begannen, unseren Kunden Leihwagen zur Verfügung zu stellen, wurden unsere Konkurrenten von ihren Kunden gefragt, warum Sewell diesen Service anbietet, sie aber nicht. Die Antwort lautete: „Es stimmt, Sewell bietet Leihwagen an. Aber haben Sie jemals versucht, einen zu bekommen? Wenn Sie anrufen, sagt man Ihnen, daß Sie einen Monat warten müssen, bis wieder einer frei ist."

Das stimmte zwar nicht, aber wir hatten oft eine Warteliste. Wir beschlossen, unseren Bestand an Leihwagen zu vergrößern – das hatten wir sowieso vorgehabt, aber nach der Aussage unseres Konkurrenten taten wir es sofort.

Zusätzlich dazu, daß wir bei der Konkurrenz einkaufen, verwirklichen wir auch eine Idee von Restaurants und Kaufhäusern: Wir kaufen bei uns selber ein. Eine Firma wird damit beauftragt, zweimal jährlich ein Auto bei uns zu kaufen. Weder die Person noch das Datum ihres Besuches ist uns bekannt.

Wenn diese Person zu uns kommt, überprüft sie eine Reihe von Dingen, die wir die Firma gebeten hatten zu bewerten. Haben wir den Kunden sofort begrüßt? Hat der Verkäufer mit ihm eine Probefahrt gemacht? Haben wir ihn nochmals kontaktiert? Nach dem Besuch erhalten wir einen ausführlichen Bericht. Diese „heimlichen" Einkäufer bieten eine weitere Möglichkeit herauszufinden, welche Gebiete man noch verbessern könnte.

Wir müssen alle diese Dinge tun, damit wir vorne bleiben. Es ist wie im Sport. Wenn ein Sportlerteam bei Weltmeisterschaften ausgezeichnet abschneidet, gelingt es ihm selten, das gleiche im zweiten, dritten oder vierten Jahr zu wiederholen. Vielleicht werden die Sportler selbstzufrieden. Oder einige können aufgrund ihres Alters nicht mehr so gute Leistungen bringen. Es kann auch sein, daß die anderen Teams Spieler tauschen und neue einkaufen, damit sie besser werden.

Das bewahrheitet sich auch im Geschäftsleben. Der Konkurrenzkampf wird täglich härter – so haben zum Beispiel sämtliche Autozeitschriften verkündet, daß Lexus in der Klasse der Luxusautos neue Maßstäbe gesetzt hat, an denen sich nun andere Automobilhersteller orientieren müssen –, und deshalb müssen wir ständig besser werden. Das beste System, das Sie einsetzen können, ist eines, das nach ständiger Verbesserung verlangt.

Setzen Sie sich hohe Ziele. Und wenn Sie sie erreicht haben, erhöhen Sie diese immer wieder. Wenn Sie das nicht tun und sich auf Ihren Lorbeeren ausruhen, werden Sie schnell von anderen überholt werden. Gut ist nicht gut genug.

Wie führt man so ein Verbesserungsprogramm durch? Es ist nicht schwer, nur zeitaufwendig. Wir untersuchen in regelmäßigen Abständen unsere Arbeitsweise und suchen nach Verbesserungsmöglichkeiten. Wir machen nicht alles auf einmal. Ungefähr im März und September kümmern wir uns um die Landschaftsgestaltung. Im Februar und August kümmern wir uns besonders um das Mobiliar und die Ausstellungsräume, um zu sehen, welche Dinge schon abgenutzt aussehen. Der genaue Zeitplan ist variabel. Wichtig ist nur, daß Sie die Überprüfungen in regelmäßigen Abständen durchführen.

Wir verwenden diese Überprüfungsprozesse auch für unsere Systeme. So überprüfen wir regelmäßig unser Vorgehen bei der Anstellung von Mitarbeitern und überlegen uns, ob wir etwas verbessern könnten. Diese Überprüfungen sollen nicht bedeuten, daß wir bisherige Vorgehensweisen als schlecht ansehen. Wir schauen nur, ob wir vielleicht etwas verbessern können.

Unsere Verkäufer verkauften beispielsweise 16 Autos monatlich. Das ist wirklich nicht schlecht – doppelt soviel wie der nationale Durchschnitt –, aber während unserer letzten Überprüfung überlegten wir uns, wie wir noch mehr verkaufen könnten. Wir schufen ein Incentive-Programm „Team 20", welches Verkäufer, die 20 oder mehr Autos monatlich verkaufen, belohnt. Je mehr Autos sie verkaufen, desto mehr kostenlose Reisen oder Geld erhalten sie.

Beim Kundendienst liegt unser CSI-Prozentsatz bei 96. Mit Hilfe des Studiums der Werke von Deming und Taguchi wollen wir innerhalb eines Jahres auf 98 Prozent kommen.

Unser Ziel ist immer der totale Erfolg. Wir wollen die besten Verkäufer und 100 Prozent CSI. Aber realistischerweise wissen wir, daß wir große Änderungen nicht über Nacht erreichen. Wir verbessern in kleinen Schritten, aber dafür ständig.

Dieser Verbesserungsprozeß endet nie. Wenn unser CSI von 96 Prozent auf 98 Prozent gestiegen ist, wäre es nur natürlich, wenn wir eine große Party veranstalten und uns etwas erholen. Schließlich hat es uns einige Anstrengung gekostet, das alles zu erreichen. Aber während wir unseren Erfolg feiern (s. Kapitel 12), sollten wir das nicht zu lange tun.

Denn sonst müssen wir noch feststellen, daß ein Wettbewerber uns nicht nur nähergerückt ist, sondern uns sogar überholt hat, während wir uns selbstzufrieden auf die Schultern klopfen.

CHECKLISTE

- Der Erste zu sein ist nicht gut genug. Weder Pepsi noch Coca-Cola haben kalorienarme Colas oder koffeinfreie Getränke erfunden. Diese Erfindung hat jemand anders gemacht, trotzdem sind Pepsi und Coca-Cola Marktführer. Wenn Sie sich nach einer neuen Idee nicht weiterentwickeln, kommen Sie in Schwierigkeiten.
- Machen Sie es besser. Wenn Sie einmal eine Idee verbessert haben, tun Sie es noch einmal. Wenn Sie an erster Stelle bleiben wollen, sind ständige Verbesserungen unerläßlich – überall in Ihrer Firma.
- Überprüfen Sie regelmäßig jeden Teil Ihres Geschäftsbetriebes. Das hilft Ihnen Dinge zu finden, die man verbessern kann.
- „Spionieren“. . . ist gut. Sie sollten regelmäßig bei der Konkurrenz und bei sich selbst einkaufen und nach Verbesserungsmöglichkeiten Ausschau halten.

Drei

Menschen: Wie man sich um Kunden und Angestellte kümmert

Kapitel 12

Frage: Wer ist wichtiger, Ihr Kunde oder Ihr Angestellter? Antwort: Beide

Das ist die geeignete Stelle, um auszusprechen, was bis jetzt stillschweigend vorausgesetzt war: Unsere Mitarbeiter sind genauso wichtig wie unsere Kunden, und sie müssen dementsprechend genauso gut behandelt werden.

Warum? Erstens, weil es so einfach richtig ist. Zweitens, weil es in unserem eigenen Interesse liegt: Wie können wir von unseren Angestellten verlangen, daß sie die Kunden gut behandeln, wenn sie von uns schlecht behandelt werden?

Einige werden sicher fragen: Warum soll ich mich darum kümmern? Schließlich bezahle ich sie doch, oder? Reicht das nicht?

Nein, verdammt noch mal!

Wie bereits gesagt, die Bezahlung ist nicht das Hauptargument, wenn Angestellte erklären sollen, warum ihnen ihre Arbeit gefällt – oder auch nicht. Bevor sie finanzielle Gründe nennen, geben sie folgende Antworten: „Es ist ein angenehmer Arbeitsplatz, sie kümmern sich um mich." Oder: „Sie behandeln mich wie einen Erwachsenen."

Seine Angestellten gut zu behandeln beginnt mit dem Arbeitsplatz. Nur wenige Leute betreten unsere Werkstatt – unsere Versicherung möchte dort keinen Kundenverkehr –, aber diejenigen, die es tun, bemerken immer die Sauberkeit. Es ist tatsächlich makellos sauber.

Warum? Weil zwar unsere Kunden die Werkstatt selten sehen, aber dafür unsere Mechaniker ständig. Sie leben und arbeiten dort jeden Tag. Wo würden denn Sie lieber Ihren Tag verbringen? An einem schmutzigen oder an einem sauberen Ort?

Aber es geht hier nicht nur um Ästhetik. Wenn wir das Arbeitsfeld unserer Mechaniker professioneller, angenehmer und effizienter gestalten sowie ihnen das beste Werkzeug und die beste Ausrüstung zur

Verfügung stellen, dann können wir auch die besten Mechaniker einstellen.

Die Mechaniker, die Sie für die heutigen Autos brauchen, sind im Grunde genommen Ingenieure. Zwar haben einige unserer Arbeiter in der Werkstatt, aus was für Gründen auch immer, nie ein College besucht, aber alle von ihnen haben die geistigen Voraussetzungen für den Ingenieursberuf. Menschen, die so helle sind, möchten nicht den ganzen Tag in einem dunklen, schmierigen Loch verbringen. Sie wünschen sich eine angenehme Umgebung, genau wie wir alle. Also bekommen sie auch eine. Sie ist allerdings nicht nur sauber, sondern auch sicher und gut beleuchtet. Das ist einer der Gründe dafür, daß sie bei uns und nicht bei der Konkurrenz arbeiten.

Was unsere Verkäufer betrifft, so bekommt jeder sein eigenes Büro, wo er Bilder von seiner Familie oder von seinen Hobbies an die Wand hängen kann. Wir halten nichts von Großraumbüros für Verkäufer.

Das ist doch verständlich. Wie können Sie von einem Verkäufer erwarten, daß er professionell arbeitet, wenn er keinen Schreibtisch für sich alleine hat oder auf engstem Raum neben verstellbaren Wänden sitzen muß?

Wir möchten immer den Kunden dafür danken, daß sie ein Geschäft mit uns abgeschlossen haben. Genauso wie wir uns bei unseren Angestellten für ihre gute Leistung bedanken. Beides ist gleich wichtig.

Ich glaube, die Art, wie wir unsere Mitarbeiter behandeln, hilft uns, bessere Mitarbeiter zu gewinnen. Wir möchten eine familiäre Atmosphäre schaffen. Jeder Geschäftsführer hat eine Liste von Ärzten, Krankenhäusern, Anwälten und Steuerberatern, die er im Bedarfsfall an seine Angestellten weitergibt.

Genauso wie wir uns bei einem Kunden für seinen Auftrag bedanken, bedanken wir uns bei den Angestellten für die gute Arbeit – das ist wichtig.

Wir bedanken uns auf verschiedene Weise. Wenn sich jemand für einen Kunden außergewöhnliche Mühe gibt, berichten wir darüber in unserer Hauszeitung. Das verstärkt die Leistung, die erbracht wurde, und zeigt gleichzeitig allen unseren Angestellten, nach welchen Werten bei uns gearbeitet wird.

Wir haben auch den „Schulterklopf"-Preis eingeführt. Wir sagen jedem Mitarbeiter, daß er, wenn er jemanden sieht, der etwas wirklich gut macht – also jemanden, der für den Kunden mehr tut, als seine Pflicht wäre –, es auf dem „Schulterklopf"-Formular niederschreiben soll. Danach soll er es dem entsprechenden Angestellten geben. Das Formular besteht aus drei Teilen. Der Angestellte, der etwas Besonderes geleistet hat, erhält das oberste Formular, sein Manager den ersten Durchschlag und ich den zweiten Durchschlag. Es ist eine nette Idee, und unsere Angestellten wissen, daß jemand ihre gute Tat zur Kenntnis genommen hat.

Grillfeste sind uns die liebste Art, Erfolge zu feiern und unseren Dank zu zeigen. Wenn wir einen Rekordindex bei der Kundenzufriedenheit erreichen, feiern wir das mit einem Grillfest. Wir hängen überall Fahnen auf, jeder kommt, und wir sprechen über die ausgezeichnete Arbeit, die jeder geleistet hat. Diese Picknicks finden immer während der Arbeitszeit statt (die Leute kommen und gehen schichtweise, so daß wir uns auch weiter um unsere Kunden kümmern können). Daß wir diese Feiern während der Arbeitszeit abhalten, ist ein weiterer Dank an unsere Mitarbeiter.

CHECKLISTE

- **Haben Sie Ihren Angestellten heute schon gedankt? Wenn Sie Ihren Kunden danken, dann sollten Sie sich auch bei denen bedanken, die die Arbeit geleistet haben.**
- **Es gibt viele Arbeiten, die Sie delegieren können ... aber sich bei Leuten zu bedanken gehört nicht dazu. Ein „Danke", das vom Chef kommt, ist etwas Besonderes, weil er eben der Chef ist.**
- **Wann immer es möglich ist, zeigen Sie Ihre Dankbarkeit während der Arbeitszeit. Wenn Sie als Dankeschön eine Party veranstalten, dann machen Sie es doch an einem Mittwoch um 15.00 Uhr, anstelle eines Sonntags um 14.00 Uhr. So sehen Ihre Angestellten, daß Sie Ihre Dankbarkeit ernst meinen.**
- **Führen Sie eine „110-Prozent-Belohnung" ein ... und teilen Sie diese oft aus. Plaketten, Bilder, Anstecknadeln funktionieren wirklich.**

Kapitel 13

Der Kunde hat nicht immer recht

Sie haben dieses Sprichwort schon tausendmal gehört: Der Kunde hat immer recht. Ich glaube das stimmt.

Meistens.

Wenn der Kunde mit dem, was wir gemacht haben, nicht zufrieden ist, dann fragen wir ihn, was nicht stimmt, und bringen es dann kostenlos in Ordnung. Fast immer.

Aber hat der Kunde immer absolut recht, egal um was es geht?

Nein.

Was führt zu diesen Ausnahmen? Oft ist es eine Frage der Fairneß, und häufig spielt das Geld, um das es geht, auch keine unbedeutende Rolle.

Wenn es sich um einen kleinen Betrag handelt, dann hat der Kunde immer recht. Stew Leonard, Besitzer des weltgrößten Lebensmittelgeschäftes, erzählte mir eine wunderbare Geschichte. Eine Frau kam zu ihm und kaufte zwei Pfund Filet Mignon für 5,98 Dollar pro Pfund. Die nächste Woche machte Stew Leonard eine Aktion und verkaufte das Pfund um nur 4,98.

Daraufhin kam die Frau zurück und wollte von ihm die 2 Dollar, die sie sich gespart hätte, wenn sie eine Woche gewartet hätte.

Er gab ihr die 2 Dollar. Das hätte ich auch gemacht. Aber 2000 Dollar? Das ist etwas anderes, oder?

Wenn man Geschichten darüber hört, daß der Kunde immer recht hat, geht es immer nur um kleine Geldbeträge. So ist es bei Stew Leonard oder vielleicht bei McDonald's, wo Sie automatisch Ihre Bestellung ersetzt bekommen, wenn Sie unzufrieden sind, aber es geht dabei immer um billige Produkte.

Für weniger als 500 Dollar werden wir uns mit niemandem streiten. Aber bei darüberliegenden Beträgen muß man den Fall überlegen.

Lassen Sie mich Ihnen zwei Beispiele geben.

Ein Mann brachte sein Auto zum Kundendienst zu uns und ließ im Kofferraum eine Tasche mit Wachteln, die er geschossen hatte. Er sagt: „Ich habe Rusty, meinem Kundendienstberater, gesagt, daß er die Wachteln haben kann."

Rusty sagt: „Er hat nie etwas von den Wachteln zu mir gesagt. Ich wußte, daß der Kunde das Auto für zwei Wochen während seines Urlaubes bei uns lassen würde. Hätte ich gewußt, daß im Kofferraum Wachteln liegen, hätte ich sie natürlich herausgenommen."

Während dieser zwei Wochen verwesten die Wachteln und verströmten einen furchtbaren Gestank. Der Gestank verbreitete sich im ganzen Auto, und trotz intensiver Reinigung war es uns nicht möglich, den Geruch wegzubringen.

Wenn Sie den Kunden nicht verlieren wollen, geben Sie ihm genau das, wonach er verlangt – oder mehr –, ohne zu zögern. Wenn Sie ihm weniger geben wollen, können Sie es gleich bleibenlassen, denn Sie verlieren dadurch das Wohlwollen der Kunden.

Für mich gab es keinen Zweifel, daß der Kunde unrecht hatte und gegenüber Rusty nie etwas von den Wachteln erwähnt hatte. Aber da er selbst davon überzeugt war, daß er recht hatte, und außerdem ein langjähriger Kunde von uns ist, kauften wir ihm das Auto ab (wir verkauften es an einen Großhändler – ein Gebrauchtwagenhändler, der nur an Händler weiterverkauft –, der glaubte, er könne das Problem lösen).

Bis zu einem gewissen Punkt ist es in Ordnung, daß der Kunde Sie ausnutzt. Und das passiert auch gelegentlich, aber glücklicherweise nicht oft. Im Grunde genommen sind alle unsere Kunden ziemlich nett. Aber es passiert trotzdem. Zum Beispiel:

- Ein Kunde behauptet, daß ein Tennisschläger in seinem Auto gelegen hatte, als er es zum Service brachte, und jetzt ist er weg. Ich weiß, daß sich unsere Mechaniker wirklich nicht für Tennis interessieren, trotzdem kauften wir ihm einen neuen Schläger.
- Ich kann mich erinnern, daß vor ca. 15 Jahren ein Kunde behauptete, sich in unserem Betrieb sein Markenhemd zerrissen zu haben. Er

sandte uns eine Rechnung über 65 Dollar, obwohl diese Hemden damals nur 6,50 kosteten. Wir bezahlten es.

(Es gab einen, der so etwas im ganzen Lande machte. Er schrieb an eine Reihe von Händlern, daß er sich im Schauraum sein Hemd zerrissen hätte, und erwähnte noch, daß die Angestellten dort sehr unhöflich zu ihm gewesen seien, als er es ihnen sagte. Er fügte hinzu, daß er genau wüßte, daß der Geschäftsführer des Händlerbetriebes so etwas nicht durchgehen ließe. Das mit dem Hemd sei nicht weiter schlimm, es koste 35 Dollar, aber er denke sich, daß der Geschäftsführer über solche Vorfälle sicher gern informiert werden möchte. Er sandte diesen Brief an alle Cadillac-Händler in Amerika und machte ganz schön viel Geld damit, daß er den Wunsch der Händler ausnutzte, ihre Kunden zufriedenzustellen.)

- Dann gibt es noch solche Kunden, die behaupten, daß man ihnen die Münzen für die Autobahnmaut aus dem Auto gestohlen hätte oder daß eine neue Sportjacke aus dem Kofferraum verschwunden sei oder daß das Öl auf unserer Fahrbahn ihre neuen Schuhe ruiniert habe. In so einem Fall stellen wir ihnen einen Scheck aus.

Das gehört zu den Geschäftskosten, und wir planen sie mit ein.

Können wir belogen werden?

Ja.

Macht es uns etwas aus, wenn man uns ein bißchen betrügt?

Nein.

Es gibt einen gewissen Prozentsatz von Menschen, die einfach so sind. Sie glauben etwas zu gewinnen, wenn sie uns ausnutzen.

Mit der Zeit könnte man zynisch werden, aber das darf man nicht zulassen, denn 99 Prozent der Leute sind wirklich ehrlich. Sie sind tatsächlich überzeugt davon, daß sie den Tennisschläger im Kofferraum gelassen haben, obwohl sie vorher an fünf verschiedenen Orten waren und danach noch an ein paar. Sie haben erst zu Hause bemerkt, daß ihnen der Schläger abhanden gekommen ist.

Wenn man sich mit einem unzufriedenen Kunden befassen muß, entsteht die Frage: Wie handle ich jetzt richtig?

In „Minding the Store" rät uns Stanley Marcus, dem Kunden – wenn Sie ihn behalten wollen – alles zu geben, was er verlangt, ohne Ausflüchte zu suchen. Wenn Sie mit ihm zu handeln anfangen, werden Sie sein Wohlwollen verlieren.

Wenn Sie uns mitteilen, daß das Hemd, das Sie sich bei uns zerrissen haben, 100 Dollar kostet, und wir antworten Ihnen: „Es tut uns furchtbar leid" und händigen Ihnen einen Scheck über 100 Dollar aus, dann ist alles wieder in Ordnung.

Aber wenn der Kunde sagt, daß das Hemd 100 Dollar gekostet hat, und wir dann antworten: „Wissen Sie, das Hemd war ja schon getragen und nicht mehr neu, wie wäre es, wenn wir Ihnen 50 Dollar gäben?", dann kommen wir in Schwierigkeiten. Wenn wir ihm nur 50 Dollar zahlen, ist es genauso, als hätten wir nichts gegeben. Wir haben das Wohlwollen des Kunden verspielt, daß wir über den Wert des Hemdes gestritten haben.

Stanley erzählt eine tolle Geschichte, was ihm am Anfang seiner Laufbahn passiert ist. Eine Kundin kaufte ein Ballkleid mit handgemachter Spitze. Sie brachte es nach Hause, trug es einmal und – in Stanleys Worten – „mißbrauchte es; es sah aus, als hätte sie darin einen Ringkampf bestritten." Dann brachte sie es wieder zu Neiman-Marcus und wollte ihr Geld zurück. Stanley gab ihr das Geld gerne, im Wissen, daß es teurer kommen würde, einen neuen Kunden zu gewinnen, als die 175 Dollar (bedenken Sie, das war 1932) für das Kleid zu bezahlen. Er hatte recht. Im Lauf der Jahre kaufte diese Frau Waren im Wert von 500 000 Dollar bei ihm ein.

Nachdem ich das in Stanleys Buch gelesen hatte, fiel mir manches leichter. Wir machen es wie Stanley Marcus und konzentrieren uns darauf, was uns ein Kunde langfristig bringt, anstatt bei einer Reklamation herauszufinden, was davon wirklich gerechtfertigt ist.

Wenn es um einen Betrag bis zu 500 Dollar geht, kann der Abteilungsleiter die Entscheidung selbständig treffen. Höhere Beträge sollten vom Geschäftsführer genehmigt werden. Dabei muß das Ziel immer sein, alles zu tun, damit man den Kunden nicht verliert.

Sollte ein Kunde versuchen, Sie wirklich übers Ohr zu hauen, müssen Sie natürlich abwägen, was für Sie mehr bringt.

Wenn eine Kundin bei uns ein Auto gekauft hat, es zu Hause ihrem Mann vorführt und der sagt: „Ich mag Grün nicht, ich wollte ein blaues haben, bring es zurück!", dann werden wir das grüne Auto gegen ein blaues austauschen.

Aber wenn sie bei uns ein Auto kauft und es nach zehn Tagen zurückbringt, weil sie es woanders um 250 Dollar billiger hätte kaufen können, lautet unsere Antwort nein. Sie kann das Auto nicht zurückgeben. Wir haben einen Handel abgeschlossen, und dabei bleibt es.

Manchmal läuft einem ein Kunde über den Weg, der einfach unausstehlich ist. Sei es ein Mann, der eine Verkäuferin sexuell belästigt, unsere Mitarbeiter ständig beleidigt oder an allem irgend etwas auszusetzen hat. Dann müssen wir sagen: „Es tut uns leid, aber vielleicht wären Sie besser bedient, wenn Sie Ihre Geschäfte mit jemandem anders machen." Es muß viel geschehen, bis ich zu dem Punkt komme, an dem ich so reagiere. Es passiert ungefähr einmal im Jahr. Aber dann habe ich keine Schwierigkeiten damit, ihnen nahezulegen, woanders einzukaufen. Manchmal zeigen wir diesen Kunden sogar den kürzesten Weg zu unserem „Lieblingskonkurrenten".

CHECKLISTE

- **Der Kunde hat immer recht – bis zu einem gewissen Punkt. Ihre Aufgabe ist es, diesen Punkt herauszufinden. Wir strengen uns sehr an, zugunsten unserer Kunden zu entscheiden. Sie sollten es auch tun. Es zahlt sich aus.**
- **Lächeln Sie, während Sie ausgenutzt werden. Wenn Sie sich dazu entschlossen haben, dem Wunsch des Kunden nachzukommen, dann tun Sie das vollständig und freundlich. Feilschen Sie nicht über den Betrag, rollen Sie nicht die Augen und seien Sie nicht sarkastisch. Wenn Sie nicht freundlich sind, verlieren Sie das Wohlwollen des Kunden, das Sie eigentlich gewinnen wollten.**
- **Kunden sind gute Menschen. Wenn ein Kunde sagt, daß es ein Problem gibt, dann stehen die Chancen 99 zu 100, daß es stimmt. Lassen Sie sich nicht durch das restliche eine Prozent dazu bringen, alle anderen schlecht zu behandeln.**

Kapitel 14

Wie man dem Kunden beibringt, den besten Service zu erhalten

Einen guten Dienst am Kunden anzubieten, das muß nicht unbedingt wie eine Einbahnstraße sein. Sie können den Kunden beibringen, wie sie besseren Service erhalten. Wir fangen damit an, daß sie uns helfen, unsere Arbeitsabläufe zu beschleunigen

Denken Sie daran, was passiert, wenn Sie etwas reparieren lassen wollen. Meistens sagt man Ihnen: „Kein Problem, aber bringen Sie es morgen gleich in der Früh vorbei." Das ist für alle schlecht. Jeder kommt um 7.30 Uhr oder wann der Laden sonst aufmacht, es gibt eine lange Schlange, und es zahlt sich für keinen aus. Der Kunde muß warten, bis er bedient wird, und die Kundendienstberater sind aufgrund des großen Ansturms im Streß.

So kann man keinen guten Service bieten, deshalb läuft es bei uns etwas anders ab.

Angenommen, ein Kunde ruft bei uns an und will sein Auto vorbeibringen. Wie alle anderen sagen wir: „Kein Problem!", aber dann sehen wir nach, welche Termine bereits vergeben sind. Wenn wir für 7.30 Uhr schon voll ausgebucht sind, schlagen wir einen Termin am Nachmittag vor.

Neun von zehn Kunden antworten mit Ja. Falls der Kunde keine Zeit hat, fragen wir ihn, wie es mittags ausschaut oder auf dem Weg nach Hause (erinnern Sie sich, der Kunde erhält von uns einen kostenlosen Leihwagen für die Dauer der Reparatur seines Autos).

Indem wir dem Kunden verschiedene Termine vorschlagen, wollen wir es dem Kunden so einfach wie möglich machen, sein Auto vorbeizubringen. Außerdem ist es auch für uns einfacher, wenn wir die Arbeit für mittags oder abends vereinbaren können, da uns zu diesen Zeiten weniger Kunden besuchen.

Selbst wenn uns jemand sein Auto um 17.00 Uhr bringt, kann der Mechaniker noch daran arbeiten, bevor er nach Hause geht, und er weiß, welche Arbeit ihn am nächsten Tag erwartet. Vielleicht kommt er sogar früher in die Firma, um daran zu arbeiten.

Wenn nicht alle Kunden zur gleichen Zeit kommen, haben wir auch den Vorteil, daß wir mit dem einzelnen Kunden ausführlicher über die notwendige Reparatur sprechen können.

Es ist viel schwieriger, eine Reparatur richtig durchzuführen oder einen guten Kundendienst zu bieten, wenn man nicht weiß, was in Ordnung gebracht werden soll oder was der Kunde gerne möchte. Versuchen Sie den Kunden zu veranlassen, zehn Minuten länger zu bleiben und das Problem ausführlich zu beschreiben, was repariert werden muß oder was er sonst gemacht haben möchte. Das ist sinnvoll verbrachte Zeit für beide.

Eines der wenigen Probleme, die wir mit unseren Kunden haben, ist, sie zu veranlassen, lange genug bei uns zu bleiben, um uns detailliert zu erklären, was nicht funktioniert. Wenn Sie es uns ermöglichen, nehmen wir gerne viel Zeit mit Ihnen, um ausführlich über das auftretende Problem zu sprechen, denn so ist es auch leichter für uns, es auf Anhieb zu beheben.

Ein Beispiel: Wir holen gerne das Auto eines Kunden für regelmäßig anfallende Wartungen wie z. B. Ölwechsel ab. Aber wir ziehen es vor, daß der Kunde uns sein Auto persönlich vorbeibringt, wenn störende Windgeräusche oder Klappern auftritt. Nur so kann er uns genau zeigen, wo das Geräusch herkommt. Es ist mit einem Arztbesuch vergleichbar. Der Arzt kann Sie besser behandeln, wenn er die Möglichkeit hat, Sie zu untersuchen, und Sie ihm sagen, was weh tut, als wenn er Ihnen nur aufgrund eines Telefonats ein Medikament verschreibt.

Kunden haben es immer eilig. Aber wir erklären ihnen, daß unsere Erfolgschancen, die Sache zu beheben, auf mehr als das Doppelte steigen, wenn sie uns zehn Minuten ihrer Zeit schenken, um das Problem detailliert zu beschreiben. Nach so einer Erklärung nehmen sich die Kunden gerne Zeit. Niemand – wir nicht und schon gar nicht der Kunde – will, daß das Auto ein zweites Mal repariert werden muß (bringt der Kunde das Auto nicht zu unseren Stoßzeiten, haben beide

Seiten genug Zeit, um sicherzustellen, daß die Arbeit beim ersten Mal richtig gemacht werden kann).

Meistens wird die am Kundendienstschalter zusätzlich verbrachte Zeit später wiedergutgemacht. Wir möchten, daß unsere Kunden ihre speziellen Wünsche äußern. „Wollen Sie, daß wir Ihr Auto auch immer waschen, wenn es bei uns zum Service oder zur Reparatur ist? Sie ziehen ein bestimmtes Öl vor? Sie möchten Michelin-Reifen? Gut." Wir werden uns diese Dinge notieren und müssen unsere Kunden hoffentlich nie mehr danach fragen.

Wir zeigen den Kunden noch auf andere Weise, wie sie guten Service erhalten können. Wir sind einfach nett zu ihnen. Wenn wir nett zu ihnen sind, dann sind sie auch meistens nett zu uns. Sie werden mehr Geduld mit uns haben, und das erleichtert unsere Arbeit. Es ist schwer, seine Arbeit gut zu machen, wenn man gleichzeitig von einem Kunden angeschrien wird.

Indem wir dem Kunden genau erklären, wie unser Arbeitsablauf funktioniert, machen wir es ihm leichter, mit uns umzugehen. Zum Beispiel sagen wir dem Kunden, daß wir bei Erhalt seines Autos zuerst den entsprechenden Akt mit den Service- und Reparaturaufzeichnungen des Autos zur Hand nehmen. So erfahren wir auch, wer der zuständige Kundendienstberater ist. (Der Kunde wird immer von der gleichen Person betreut, damit eine persönliche Beziehung aufgebaut werden kann. Wir möchten, daß er sich bei uns wohl fühlt, und der Aufbau persönlicher Beziehungen unterstützt uns dabei. Wir hoffen, daß er beim Auftreten von eigenartigen Geräuschen unter der Motorhaube sagt: „Ich habe keine Ahnung, woher das Klappern kommt. Ich werde es zu meinem Kundendienstberater Alan – sein persönlicher Betreuer – bringen, und er wird sich darum kümmern.")

Sobald wir wissen, wer der Betreuer des Kunden ist, befestigen wir ein kleines numeriertes Schild in einer bestimmten Farbe auf dem Autodach, das ihn als Alans Kunde ausweist und zeigt, wann er angekommen ist.

Wenn Alan die Masse der Autos überblickt, findet er so das Auto, an dem er als nächstes arbeiten muß.

Nachdem unsere Kunden wissen, wie unser System funktioniert, haben sie auch keine Angst, vergessen worden zu sein, wenn sie unsere Leute nur an fremden Wagen arbeiten sehen. Der Kunde weiß, daß es bei uns genauso abläuft wie am Sonntagmorgen in der Bäckerei. Jeder erhält eine Nummer, und die Kunden werden der Reihe nach aufgerufen. So muß er sich keine Sorgen machen, daß andere außer der Reihe drangenommen werden. Der Kunde ist zufriedener, und wir können unsere Arbeit leichter erledigen.

CHECKLISTE

- **Lassen Sie sich von Kunden helfen, einen guten Service anzubieten. Bringen Sie ihnen bei, wie sie den besten Kundendienst erhalten, wann sie am besten zu Ihnen kommen sollen und welche Informationen die Werkstatt benötigt, um die Arbeit korrekt machen zu können.**
- **Wenn Sie lächeln, ist die Wahrscheinlichkeit groß, daß sie zurücklächeln. Wenn Sie höflich sind, wird wahrscheinlich auch der Kunde höflich sein. Das erleichtert die Arbeit sehr.**
- **Erklären Sie dem Kunden, wie Sie Ihre Arbeit machen. Sie können das beste System der Welt haben, aber wenn der Kunde es nicht versteht, ist er bestenfalls verwirrt und schlimmstenfalls verärgert. Sobald der Kunde weiß, daß Sie nach einem funktionierenden System arbeiten, schätzt er Sie sicher besser ein und wird gerne wiederkommen.**

Kapitel 15

Wie man Stammkunden gewinnt

Die Angestellten von American Airlines mögen den Vorsitzenden Bob Crandall ruhig „Darth Vader“ (Anführer der „Bösen Mächte“ im Film „Krieg der Sterne“) nennen, er ist trotzdem sicher ein kluger Mann. Falls es jemals Zweifel daran gegeben haben sollte – und das glaube ich eigentlich nicht –, wurden diese durch die Einführung der ersten Vielfliegerprogramme durch American Airlines widerlegt.

Diese Vielfliegerprogramme unterstreichen, wie wichtig den Fluglinien ihre Kunden sind. Jedes Geschäft sollte diese Art von Programm haben. Es schafft – Kundentreue. Wir wollen, daß die Leute wiederkommen und immer und immer wieder Geschäfte mit uns machen. Das ist das ganze Geheimnis eines hervorragenden Kundendienstes.

Wenn wir den Kunden zum Wiederkommen bewegen können, passiert folgendes:

Erstens erhöhen sich unsere Verkäufe. Der Kunde kauft uns mehr ab.

Zweitens festigen wir unsere Marktposition. Wenn der Kunde bei uns kauft, kauft er nicht beim Wettbewerb.

Drittens reduzieren wir unsere Marketingkosten. Wir müssen nicht soviel Geld aufwenden, um diesen Kunden zu gewinnen. Wir haben ihn schon. Unsere Marketingkosten verringern sich sogar noch weiter, weil dieser zufriedene Kunde für uns Mundpropaganda macht – und wie wir alle wissen, ist das die beste Werbung.

Viertens schließt es uns vom Preiskampf aus, denn ein loyaler Kunde läßt sich wegen ein paar Dollar nicht weglocken.

Letztendlich wird ein zufriedener Kunde wohl auch unsere anderen Produkte testen. Wenn er in der Vergangenheit mit uns zufrieden war, ist es wahrscheinlicher, daß er auch künftig eines unserer Produkte ausprobieren wird. Ich müßte mich schon sehr anstrengen, um einen Grund zu finden, warum man kein „Vielkäufer“-Programm nach dem Vorbild der Fluggesellschaften einführen sollte. Schon die bloße Existenz dieses Programms zeigt den Kunden, daß sie wichtig sind. Wir wissen es zwar, doch manchmal vergessen wir, es ihnen zu sagen. Das allerletzte, was wir wollen, ist, einen loyalen Kunden als selbstverständlich anzusehen. Dieses Programm zeigt, daß wir es nicht tun.

Spezielle Programme für Stammkunden beweist den Kunden, wie wichtig man sie nimmt. Mit Hilfe des Programms tut man mehr, als sich (oft nur noch automatisch) zu bedanken. Sie belohnen die Leute dafür, daß sie mit Ihnen Geschäfte machen.

Es gibt noch andere, wichtige Punkte. So, zum Beispiel, erledigen die Luftlinien den ganzen Papierkram, und die Kunden müssen keine Aufzeichnungen führen.

Ich finde es etwas erniedrigend, wenn der Kunde gezwungen wird, selbst über seine Ausgaben bei uns Buch zu führen. Eine Menge Geschäfte, die den Kunden für seine Treue belohnen, verlangen von ihm, daß er sämtliche Rechnungen vorbeibringt oder eine Karte vorweisen muß, die bei jedem Einkauf abgestempelt wird. Ich denke, es ist falsch, vom Kunden zu verlangen, über seine Einkäufe Buch zu führen. Es ist beinahe so, als müsse der Kunde für seine Belohnung betteln.

Das Stammkundenprogramm zwingt auch den Geschäftsbesitzer dazu, herauszufinden, wer seine besten Kunden sind. Wir ahnen vielleicht, daß Frau Jones in den letzten Jahren viel Geld bei uns gelassen hat, aber wissen wir auch, ob sie eine bessere Kundin ist als Herr Smith oder Frau White? Niemand kann sich das alles merken, aber sollten wir nicht diese Informationen haben?

Meine zwei Lieblingsgeschichten über dieses Thema handeln vom Hotel Mansion in Dallas. Als die Eigentümer sich daranmachten, herauszufinden, wer die besten Kunden des Hotels seien, stießen sie auf einige leitende Bankangestellte, die monatlich für 20 000 Dollar im Restaurant speisten. In ihrem Restaurant! Plötzlich wurde es ihnen klar, daß sie diesen Herren mehr als nur ein „Dankeschön" schuldeten.

Das gleiche, wenn auch in kleinerem Rahmen, passierte mir. Wir hatten für unsere Verkäufer zum Dank zwei Bankette im Hotel Mansion abgehalten. An einem Wochenende beschlossen meine Frau und ich, uns völlig zurückzuziehen, und ich buchte für uns im „Mansion" ein Zimmer. Als wir dort ankamen, hatte man für uns eine Suite, statt eines Zimmers, reserviert. Man betrachtete uns als wichtige Kunden und wollte sich auf diese Weise bedanken. Wir freuten uns über diese Geste und behielten diese in Erinnerung.

Wir danken unseren Kunden auf verschiedene Weise: Persönlich, telefonisch (wir rufen die Kunden immer ein paar Tage nach dem Autokauf an, um zu fragen, ob alles in Ordnung ist, und ihnen nochmals zu sagen, daß wir uns freuen, miteinander ins Geschäft gekommen zu sein) und wir senden selbstverständlich Danksagungskarten an unsere Kunden.

Wir planen auch, diese wunderbaren „Steuben"-Schalen an die Kunden zu verschenken, die ihr 25. Auto bei uns gekauft haben (ich frage mich, wieviel man einem Anwalt oder Bankier bezahlen müßte, damit er sich schriftlich bedankt, geschweige denn eine „Steuben"-Schale verschenkt).

Dieses Anerkennungsprogramm muß nicht unbedingt mit einem bestimmten Kauf in Verbindung stehen. Wir beispielsweise veranstalten jährlich eine Feier für unsere Kunden. Einmal war es eine Kunstshow, dann eine Neiman-Marcus-Modeschau, und wir hatten sogar einmal Paul Prudhomme eingeladen, für uns zu kochen.

Wir haben ein Verzeichnis von jedem, der ein Auto bei uns gekauft hat, und wir laden sie alle ein. Wir laden keine Interessenten ein, Leute, von denen wir gerne hätten, daß sie unsere Kunden werden – obwohl wir es dem einzelnen Verkäufer freistellen. Wir beschränken uns darauf, schon bestehende Kunden einzuladen, um ihnen auf diese Art zu danken und etwas für sie zu tun. Mit diesem Fest wollen wir keine neuen Kunden gewinnen, das ist unsere Art, uns bei den bestehenden Kunden zu bedanken. Außerdem ist es eine weitere Möglichkeit, die Beziehung zum Kundem zu festigen und etwas für ihn zu tun.

Es gibt sicher einige Leute, die so ein Belohnungsprogramm als Geldverschwendung ansehen. Ihr Argument ist, daß ein Stammkunde sowieso immer wieder kommt und es daher dumm sei, ihn zu belohnen. Man gäbe damit nur unnötig Geld aus. Aber wieviel Geld haben Sie gerade durch diese guten Kunden verdient? Sollten Sie sich nicht dafür bei ihnen bedanken?

Wenn man etwas weniger selbstlos über die Sache nachdenkt, sollte man ihnen nicht auch weiterhin Grund geben, mit einem Geschäfte zu machen? Leute mögen es, wenn man sich für ihren Einkauf bedankt.

CHECKLISTE

- Halten Sie Kontakt. Wenn Sie wissen, wer Ihre besten Kunden sind, bleiben Sie mit ihnen in Kontakt. Versenden Sie Informationszeitschriften oder eine Partyeinladung. Zeigen Sie Ihren Kunden, daß Sie auch zwischen den Käufen an sie denken.
- Wie oft sollten Sie sich bedanken? Wann immer Sie die Gelegenheit dazu haben.
- Betreiben Sie Eigenwerbung, aber zurückhaltend. Wann immer Sie Ihren Kunden schreiben, legen Sie Ihrem Brief etwas bei – z. B. die Beschreibung eines neuen Produkts oder einer Dienstleistung, oder die Mitteilung, daß Sie längere Öffnungszeiten haben, oder die Ankündigung einer Sonderaktion.

Kapitel 16

Wie man sicherstellt, daß man die besten Mitarbeiter hat

Um ausgezeichneten Kundendienst anbieten zu können, braucht man ausgezeichnete Mitarbeiter. Ich glaube nicht, daß man mit durchschnittlichen Angestellten ein überdurchschnittliches Geschäft führen kann. Um der Beste zu sein, brauchen wir Angestellte, die zehn Punkte auf einer Skala von 1 bis 10 erreichen.

Wir könnten warten, bis die „10er" durch unsere Tür marschieren, aber das wäre nicht besonders effizient. Schließlich heißt das nach Gauß, daß wir sehr viel Zeit in Vorstellungsgesprächen mit jenen neun Leuten verbringen müßten, die ohnehin nicht genügend qualifiziert sind, bevor wir den finden, den wir eigentlich wollen.

Wir versuchen, das Problem zu umgehen, indem wir die Bewerber ausführlich befragen und dann diejenigen testen, die uns am meisten zugesagt haben. (Näheres zum Test folgt sogleich.)

Für die Einstellung müssen wir diese Art von Sorgfalt aufwenden. Unser ganzes Kundendienstsystem baut darauf, daß die Kunden bei uns gute Erfahrungen machen, egal mit wem sie in Kontakt kommen. Deshalb ist es wichtig, sehr gute Angestellte zu haben. Und um diese zu finden, müssen wir uns eine Menge Zeit für Bewerbungsgespräche nehmen.

Das klingt zwar leicht, aber das Problem ist, daß es für uns viel Aufwand mit sich bringt. Wenn sich vier Bewerber melden, reden wir uns oft ein, daß wir eigentlich einen von ihnen nehmen sollten, weil diese vier vielleicht genauso gut wie die späteren Bewerber sind.

Wenn jemand in der Vergangenheit gute Leistungen erbracht hat, ist es wahrscheinlich, daß er es auch in der Zukunft tun wird. Deshalb achten Sie bei Vorstellungsgesprächen besonders auf erfolgreiche Bewerber und solche, die bereits als Führungskraft Erfahrung haben.

Aber wir wissen, daß das nicht stimmt. Vielleicht ist der Beste für den Job bei den vier Bewerbern dabei, aber es ist unwahrscheinlich. Wir müßten wahrscheinlich 25 Kandidaten interviewen, um wirklich einen sehr guten Mann zu finden. Um jemand Außergewöhnlichen zu finden, müßte man an die 100 Bewerber interviewen. Aber wer hat die Zeit dazu? Irgendwann muß man einen Schlußpunkt setzen.

Trotzdem sollten Sie, meiner Meinung nach, zumindest mit 25 Bewerbern gesprochen haben, sonst haben Sie nicht richtig gesucht.

Im Laufe der Jahre haben wir einen ziemlich guten Weg gefunden, um außergewöhnliche Leute zu erkennen.

Wir geben fast nie Stellenanzeigen auf. Die Leute, die wir wollen – die besten –, haben bereits eine Arbeit. Sie suchen nicht nach Stellenangeboten und sind nicht daran interessiert, ihren Lebenslauf zu erweitern. In der Tat, die meisten Leute, die wir angestellt haben, konnten gar keinen Lebenslauf vorweisen. **Wir haben sie ausgewählt,** weil wir von ihrer Arbeit, die sie woanders leisteten, gehört haben oder weil sie uns von Freunden empfohlen wurden – was oft vorkommt. In der Regel, sind Menschen, die Hervorragendes leisten, mit ebensolchen befreundet. Deshalb nehmen wir Empfehlungen unserer eigenen Leute sehr ernst.

Es gibt noch einen anderen Grund, warum ich von Lebensläufen nichts halte. Für mich bedeutet es mangelnde Angriffslust und/oder mangelndes Selbstvertrauen, wenn man nur ein Bewerbungsschreiben inklusive Lebenslauf übersendet. Wenn jemand nicht genügend Selbstvertrauen hat, um persönlich einen Termin bei uns auszumachen, sagt das schon eine Menge über ihn aus.

Wenn jemand dann zum Vorstellungsgespräch kommt, achten wir auf folgende fünf Punkte:

1. **Bisheriger Erfolg.** Wir wollen nur Leute anstellen, die bereits bewiesen haben, daß sie etwas leisten können. Ihr Erfolg muß nicht in der gleichen Branche gewesen sein, aber wir wollen wissen: Waren sie bei ihrer Arbeit erfolgreich? In ihren Hobbys? In ihrem Leben? Waren sie als Führungskraft tätig?

   Wenn sie in der Vergangenheit erfolgreich waren, werden sie es wahrscheinlich auch in der Zukunft sein.

2. **Intelligenz.** Der Test, den wir machen, gibt uns darüber Auskunft. Wenn sie in allen anderen Punkten gleich abschneiden, sind kluge Leute besser – außerdem macht es mehr Spaß, mit ihnen zusammenzuarbeiten. Das ist in unserer Firma besonders wichtig, da wir mit der Zeit eine Gruppe von sehr inteligenten Mitarbeitern gewonnen haben, die es schwierig finden, mit Leuten zusammenzuarbeiten, die langsamer sind als sie selbst.

3. **Energie.** Ich habe Leute gern, die während des Vorstellungsgespräches unruhig auf dem Sessel hin- und herrutschen. Das hat oft nichts mit Nervosität zu tun, sondern ist ein Zeichen dafür, daß sie lieber etwas tun würden, als stillzusitzen. Man kann viel über die Energie eines Menschen erfahren, wenn man ihn über seine Hobbys befragt: Wandern, Joggen, Skifahren, Racketball spielen oder Schach-, Bridgespiel, Lesen (im Idealfall hat er beide Arten von Hobbys).

   Viele unserer Angestellten waren früher Athleten. Wenn sie einmal Jockey waren, haben sie sicher genügend Ausdauer, um zwölf Stunden – was bei uns nicht selten vorkommt – auf den Beinen zu sein, und genügend Standhaftigkeit, um Kritik oder den Verlust eines Kaufabschlusses hinzunehmen.

4. **Charakter.** Wir überprüfen immer die finanzielle Lage und die Referenzen, und wir verlangen ein ärztliches Attest inklusive Drogentest (einer von drei Bewerbern fällt durch). Wir möchten in einer drogenfreien Umgebung arbeiten.

   Wir wollen aber noch mehr herausfinden. Im Gespräch mit den Bewerbern versuchen wir zu erfahren, ob es ihnen wirklich ein Anliegen ist, Leuten zu helfen, und ob sie auf sich und ihre Arbeit stolz sind. Wir fragen zum Beispiel nach Auszeichnungen, die sie erhalten haben. Die Antworten zeigen nicht nur, daß sie in ihrem Bereich gut sind, sondern daß sie auch genügend Stolz besitzen, sich mit anderen zu messen.

   Dazu wollen wir wissen, ob sie Durchhaltevermögen haben. Ich frage immer, warum ein Buchhalter keinen Abschluß als zugelassener Wirtschaftsprüfer absolviert hat oder wieso jemand sein Studium abgebrochen hat.

5. **Werden sie zu unserem Team passen?** Natürlich ist das eine wenig greifbare Qualifikation, aber sie ist trotzdem wichtig.

Nehmen wir, zum Beispiel, unsere Verkäufer: Sie sind nicht nur aggressiv, sondern haben oft auch eine dicke Haut, obwohl sie es sehr persönlich nehmen, wenn ihnen ein Verkauf durch die Lappen geht. Die meisten sind sehr sportlich und haben einen Humor, den man wohlmeinend als „Umkleideraum-Humor" bezeichnen kann. Wenn Sie sensibel sind, wird Ihnen das Leben zur Hölle gemacht. Wie schon Ken Batchelor, unser erster Verkaufsleiter, sagte: „Wenn Sie irgendeine Leiche im Keller haben, ist es das beste für Sie, sie stolz herumzuzeigen."

Hier ist ein Beispiel. Einer unserer besten Verkäufer, Tommy Armstrong, hat ein Glasauge (aufgrund eines Unfalls in seiner Kindheit). Er ist überall bekannt als „Totes Auge". Makaber.

Wenn Sie zehn oder zwölf Stunden am Tag in so einer Gruppe arbeiten müssen, haben Sie es viel leichter, wenn Sie dazu passen.

Wenn wir glauben, daß wir die richtigen Bewerber ausgewählt haben, werden diese getestet.

Diese Methode verwenden wir schon seit 15 Jahren. Es begann, als uns ein anerkanntes, ortsansässiges Unternehmen, das auf psychologische Tests spezialisiert war, von der Wichtigkeit der Tests für eine effizientere Auswahl von Bewerbern überzeugen wollte.

Da ich mit dem Gebrauchtwagenhandel aufgewachsen bin, neige ich dazu, skeptischer zu sein als andere. So entschloß ich mich, die Tester zu testen. Ich bat das Unternehmen zunächst, alle unsere Verkäufer zu testen und zu bewerten. Erstaunlicherweise erkannten sie unsere besten, die durchschnittlichen und die schwachen Verkäufer.

Ich war beeindruckt, und das um so mehr, als Dr. Ron Trego, der Verantwortliche für diese Tests in all den Jahren, mir vorschlug, die Resultate unserer vier besten Verkäufer als Maßstab für künftige Einstellungen zu nehmen. Das war ein faszinierendes Konzept: Teste die Besten und versuche, mehr Leute wie sie anzustellen. Diese Strategie hat in den letzten 15 Jahren sehr gut funktioniert. (Die Ergebnisse einer Testperson sind weiter unten abgebildet.)

Es ist das gleiche wie mit Lawrence Taylor. Als er in das Football-Nationalteam berufen wurde und alles niedergerannt hatte, sprach jeder davon, daß er der Prototyp für alle künftigen Spieler seiner Position sei. Jeder versucht nun Spieler einzukaufen, die genauso sind wie Taylor: sehr groß, sehr stark und sehr schnell. Unsere Prototypen richten sich nach unseren vier besten Verkäufern. Sie sind unsere Lawrence Taylors.

Funktionieren Tests immer? Nein. Haben Kandidaten, die sich beim Lesen etwas schwertun oder deren Muttersprache nicht Englisch ist, beim Test Schwierigkeiten? Manchmal. Obwohl die Tester über ihre Untersuchungen sagen, daß sie nicht kulturell beeinflußt seien, neige ich dazu, bei Schwarzen oder bei Kandidaten spanischer Abstammung negative Testresultate weniger ernst zu sehen und mehr Wert auf Arbeitserfahrung zu legen.

Aber im ganzen gesehen, ist es sinnvoll zu testen. Wenn wir einen Mechaniker anstellen wollen, ist es doch besser, einen technisch Hochbegabten zu nehmen als jemanden, der darin – so wie ich – nur durchschnittliche Fähigkeiten besitzt. Noch besser wäre es, einen Mechaniker anzustellen, der neben seiner Begabung auch Freude an der Reparatur von Autos hat, Abonnent von Automagazinen ist und mit einem Vater oder älteren Bruder aufgewachsen ist, der gerne an Autos herumgebastelt hat.

Es ist auch wichtig, die neuen Mitarbeiter bei der Arbeit zu testen. Wenn sie bei uns angefangen haben, trifft die letzte Entscheidung der Kunde und nicht der Psychologe. Schließlich ist es nicht mehr nötig, hypothetische Situationen nachzustellen, um zu sehen, wie sie sich in der Praxis bewähren. Sie sind im Arbeitsprozeß eingebunden, und die Kunden und Kollegen können Ihnen genau sagen, wie gut sie es machen.

Unser Kundenzufriedenheitsindex (CSI) ist eine Art von Test, der direkt am Arbeitsplatz gemacht wird. Als General Motors den ersten CSI der Industrie eingeführt hat, meinten einige Händler – besonders die, die sehr schlecht abschnitten –, diese Methode von GM sei falsch.

Wir wußten nicht, wem wir glauben sollten – GM oder den unglücklichen Händlern. So beauftragten wir eine Firma, um herauszufinden, wer recht hat. Sie halfen uns bei der Erstellung und Durchführung einer großen Umfrage über die Zufriedenheit der Kunden mit unseren Angestellten und unserer Arbeit.

Wenn Sie mich vor der Umfrage nach unseren besten Kundendienstberatern gefragt hätten, hätte ich Ihnen Rich Parker und einen anderen langjährigen Mitarbeiter genannt. Und wenn Sie mich nach den schlechtesten gefragt hätten, hätte ich gesagt: „Ich weiß nicht recht, was ich von Clarence Diggs halten soll oder von Dan Weiss. Er ist aus dem Norden und spricht etwas eigenartig (d. h. erhat nicht die gedehnte Sprechweise der Texaner)."

Aber laut dem Ergebnis der Umfrage belegten Clarence Diggs, Dan Weiss und Rich Parker die ersten drei Plätze. Der andere, oben erwähnte, hat nicht so gut abgeschnitten. Er ist schon lange bei uns, jeder mag ihn, und er hat das beste technische Wissen aller Kundendienstberater. Doch die Kunden meinten, daß er ihnen gegenüber nicht aufmerksam genug sei. (Wir gaben ihm das Ergebnis der Umfrage bekannt, und mittlerweile leistet er sehr gute Arbeit.)

Meine Fehleinschätzung von Diggs und Weiss beruhte darauf, daß ich sie kaum kannte und daher ihre Fähigkeiten angezweifelt hatte.

Ich glaube, das ist sehr menschlich. Als ich mich einmal in Rom befand, um dort meiner Schwester nach einem Autounfall behilflich zu sein, war ich der Meinung, daß die Ärzte, die Englisch konnten, bessere Ärzte seien als diejenigen ohne Englischkenntnisse. Wie unlogisch. Aber so war meine instinktive Reaktion. Ich konnte sie verstehen, also mochte ich sie lieber.

Ich kannte Dan Weiss und Clarence Diggs weniger gut als die anderen Kundendienstberater, und deshalb mochte ich sie weniger. Aber die Ergebnisse der Umfrage haben mich eines Besseren belehrt, und wir werden ab jetzt regelmäßig Tests durchführen.

Das Testen ist kein perfekter Überprüfungsmechanismus. Es ist keine exakte Wissenschaft, aber es verbessert unsere Bewerberauswahl. Bevor wir Tests durchführten, war die Chance, einen guten Mitarbeiter zu bekommen, 1:4, jetzt ist sie besser als 1:2. Da zahlt sich das Testen schon aus.

Obwohl wir das Testen für wichtig halten, macht es nur ein Drittel unserer Entscheidung aus. Das Vorstellungsgespräch zählt wesentlich mehr, und deshalb wird ein Kandidat mehrmals von verschiedenen Personen interviewt. Nachdem der Manager mit dem Bewerber gesprochen hat, verbringt er auch noch einige Zeit mit zwei oder drei unserer Angestellten, so daß sich diese auch ein Bild von ihm machen können.

Am Ende der Bewerberauswahl laden einige unserer Angestellten den Kandidaten zum Frühstück oder Mittagessen ein. Das gibt uns die Möglichkeit, ihn im sozialen Umfeld zu beobachten.

Das gemeinsame Essen hilft uns herauszufinden, ob wir gern in seiner Gesellschaft sind. Wenn wir es nicht sind, wird es der Kunde auch nicht sein.

CHECKLISTE

- **Klugheit ist gefragt. Intelligenztest. Wenn alle anderen Ergebnisse sonst gleich sind, dann ist es besser, den Klügeren zu nehmen.**
- **Testen Sie nach einem Vorbild. Orientieren Sie sich an den Testergebnissen der Besten und versuchen Sie mehr solcher Leute anzustellen.**
- **Sprechen Sie mit möglichst vielen Bewerbern . . . für jede zu besetzende Stelle. Sie müssen wahrscheinlich 25 verschiedene Bewerbungsgespräche führen, bevor Sie sicher sein können, den Besten gefunden zu haben.**
- **Fragen Sie die Bewerber über ihre bisherigen Erfolge. Diejenigen, die in der Vergangenheit gute Leistungen vollbracht haben, werden es wahrscheinlich auch in der Zukunft tun.**
- **Werden sie zu uns passen? Auch der Beste wird sich schwertun, wenn er in einer Firma arbeiten muß, wo er nicht hineinpaßt. Wenn Ihre Angestellten so feinfühlig wie ein Vorschlaghammer sind, sollten Sie es sich doppelt gut überlegen, bevor Sie einen sensiblen Menschen einstellen.**

Management-Profil

Faktor A: Management	5%		20%		50%			20%			5%
1) Intensität	9	(hoch)	X	7	6	5	4	3	2	(niedrig)	1
2) Kontrolle	9	(hoch)	8	7	6	X	4	3	2	(niedrig)	1
3) Stärke											
a) mental	X	(hoch)	8	7	6	5	4	3	2	(niedrig)	1
b) emotional	9	(hoch)	X	7	6	5	4	3	2	(niedrig)	1
c) Ausdauer	9	(hoch)	X	7	6	5	4	3	2	(niedrig)	1
4) Planen/Analysieren	9	(hoch)	8	7	6	5	X	3	2	(niedrig)	1
5) Schwerpunkt											
a) Verkauf	9	(hoch)	8	7	X	5	4	3	2	(niedrig)	1
b) Verwaltung	9	(hoch)	8	7	6	5	4	X	2	(niedrig)	1
c) Menschen	9	(hoch)	8	7	X	5	4	3	2	(niedrig)	1
Faktor B: Persönliche Eigenschaften											
6) Intelligenz	X	(hoch)	8	7	6	5	4	3	2	(niedrig)	1
7) Bedürfnis n. Prestige	9	(hoch)	8	7	6	5	4	X	2	(niedrig)	1
8) Bedürfnis n. Anerkennung	9	(hoch)	8	7	6	X	4	3	2	(niedrig)	1
9) Selbständ. Arbeiten	9	(hoch)	8	X	6	5	4	3	2	(niedrig)	1
10) Beherrschung v. Routinearbeiten	9	(hoch)	8	7	6	X	4	3	2	(niedrig)	1
Faktor C: Wie paßt er / sie ins Team											
11) Führungsqualität	9	(hoch)	8	7	X	5	4	3	2	(niedrig)	1
12) Wahrung des Firmeninteresses	9	(hoch)	X	7	6	5	4	3	2	(niedrig)	1
Zusammenfassung											
13) Übereinstimmung mit Firmenphilosophie	9	(hoch)	8	X	6	5	4	3	2	(niedrig)	1
14) Entwicklungsfähigkeit	9	(hoch)	8	X	6	4	4	3	2	(niedrig)	1

Hauptvorzüge

- Intelligent
- Mentale Stärke
- Positive Einstellung
- Selbstsicher

Hauptnachteile

____
____
____
____

Name:
Position: Leiter Teile & KD

Ergebnisse an:
Datum: 21. August 1991

Bemerkungen: Überdurchschnittlicher Bewerber für vorgeschlagene Position, entwicklungsfähig. Extrovertierter als typische Bewerber für Positionen im KD-Bereich. Er ist initiativ, selbstsicher und sehr ausdauernd. Es ist anzunehmen, daß er schnell lernt und Probleme überdurchschnittlich gut löst. Seine Gesamtleistung wird konstant effektiv sein.

Kapitel 17

Aus Kundendienstberatern Superstars machen

Nachdem wir jemanden eingestellt haben, nimmt er an einer Orientierungsbesprechung für neue Mitarbeiter teil. Dabei sprechen wir über die Geschichte unseres Unternehmens und über unsere Erwartungen, wie sie unsere Kunden behandeln sollen. Außerdem erhält jeder einen „Trainingspartner" zugewiesen. Das ist ein erfahrener Angestellter, der genau im gleichen Bereich tätig ist wie der neue Mitarbeiter und von dem er unsere Firmenpolitik lernen kann oder auch nur den Weg zur Toilette. Wenn man sich in einer neuen, ungewohnten Umgebung befindet, ist es schön, jemanden zu haben, den man fragen kann und der einem die Regeln und ungeschriebenen Gesetze der Firma erklärt.

Wir sagen auch unseren Mitarbeitern, wen wir als Vorbilder betrachten. Es sind diejenigen, die uns zeigen, was es heißt, erfolgreich zu sein. Zum Beispiel Jerry Griffin, unser jetziger Geschäftsführer von Sewell Village Cadillac. Als er noch Verkäufer war, verkaufte er mehr Fahrzeuge (im Einzelhandel) als jeder andere Cadillac-Verkäufer im Land. In seinem besten Jahr verkaufte er 712 Autos, und Jahre mit 500 waren üblich.

Jerry war während seiner Studienzeit Mitglied eines Footballteams und war als Verkäufer genauso aggressiv und fleißig wie als Sportler. Er kam morgens um 7.30 Uhr ins Büro und ging erst nach Hause, nachdem der letzte Kunde das Geschäft verlassen hatte. Dies war gewöhnlich nach 21 Uhr. Mittags ging er auch nie außer Haus, sondern aß an seinem Schreibtisch sein mitgebrachtes Sandwich. Fünf Jahre lang machte er keinen Urlaub.

Jerry hat in der Zwischensaison bei unserer Firma angefangen, als er noch professioneller Footballspieler war. Anfangs war es im peinlich, mit seiner Universitätsausbildung ein Autoverkäufer zu sein. Es war ihm so unangenehm, daß er es erst nach zwei Jahren seiner Mutter erzählte. Als er es ihr sagte, womit er seinen Lebensunterhalt verdient, schenkte er ihr einen neuen Cadillac um seine Verlegenheit zu überspielen. Seit damals lieben beide das Autogeschäft.

Was Jerry so erfolgreich machte, war seine Art, wie er Autos verkaufte. Für seine Kunden tat er alles. Ein Beispiel: Die Firma „Dr. Pepper" schrieb an alle Cadillac-Händler in der Umgebung und bat sie um ein Preisangebot für das Auto des Vorstandsvorsitzenden. Anstatt nur ein Formular auszufüllen, ließ Jerry vier Cadillac-Modelle zum Firmenparkplatz bringen und bat den Vorsitzenden, W. W. Clements: „Kommen Sie doch bitte auf den Parkplatz und suchen Sie sich Ihr neues Auto aus." Clements, der inzwischen pensioniert ist, war von Jerrys Einsatz als Verkäufer so begeistert, daß er das Auto sofort kaufte. Er ist seitdem ein Stammkunde von uns.

Ein anderes Vorbild ist Rich Parker. Er verkaufte in einem Jahr mehr Teile und Reparaturarbeit (2 Millionen Dollar) als jeder andere Kundendienstberater, von dem wir je gehört haben. Aber, was noch wichtiger ist, er hat mehr Dankschreiben von unseren Kunden erhalten, als unsere anderen sieben Kundendienstberater zusammen. Rich hat das beste Einfühlungsvermögen für Kunden, das ich je gesehen habe. Es ist nicht ungewöhnlich für ihn, daß er auch noch nach seinem Dienstschluß Kunden berät oder deswegen an Sonntagen in die Firma kommt. Wenn es notwendig ist, ruft er den Kunden auch von seinem privaten Telefon an. Rich ist jetzt der Service-Manager von Sewell Village Cadillac.

Keiner der beiden handelte immer nach unseren Vorschriften, und das war auch manchmal ärgerlich (der Kundendienstleiter begrüßte es nicht sehr, daß drei seiner Mitarbeiter gestohlen wurden, um die Autos zu „Dr. Pepper"zu bringen). Aber letztendlich haben sie ein Auto verkauft oder den Kunden zufriedengestellt. Und das ist, was zählt. Deswegen betrachten wir Griffin und Parker als Vorbilder (genauso wie all die anderen Personen, welche wir aus Platzgründen nicht gesondert anführen können), auch wenn sie manchmal gegen unsere Regeln verstoßen haben.

Wir versuchen Außenseiter, Menschen, die gerne rebellieren, zu ermutigen. Irgendwie scheinen sie immer Erfolg zu haben. Unsere besten Manager, Verkäufer und Mechaniker gehen nicht immer haargenau nach Vorschrift vor, aber sie machen ihre Arbeit besser als die Haarspalter, weil sie kreativ und entschlossen sind. Darum erzählen wir unseren neuen Mitarbeitern von unseren Vorbildern.

Obwohl es wichtig ist, über Vorbilder zu sprechen und was neue Mitarbeiter beachten sollen, ist es genauso wichtig, ihnen mitzuteilen, was sie nicht tun sollen. Diejenigen, die immer pünktlichst nach Hause gehen, jeden Urlaubstag in Anspruch nehmen und keinen Spaß vertragen, passen nicht zu uns.

Ehrlichkeit ist wichtig. Nur solche, die Überdurchschnittliches leisten, werden befördert, und wer den Kunden schlecht behandelt, verliert seinen Job.

Wir sagen unseren neuen Mitarbeitern, daß sie nach Ablauf von zwei Monaten nach drei Kriterien beurteilt werden:

- Passen sie zu uns? Wir wollen wissen, was die Kollegen und die Kunden über sie denken.
- Sind wir mit ihrer Arbeit zufrieden? Es nützt nichts, wenn sie überall beliebt sind, aber nicht genug und keine gute Arbeit leisten.
- Sieht man, daß sie sich deutlich verbessern? Wir wollen nicht nur wissen, daß sie in ihrem Arbeitsbereich immer besser werden, wir suchen auch nach Anzeichen für ihre Fähigkeit, Verantwortung zu tragen.

Wenn die Antwort auf diese drei Fragen „nein" lautet – und keine mildernden Umstände vorliegen –, ziehen wir es in Betracht, den Mitarbeiter woanders einzusetzen. Management-Handbücher sagen, daß man jedem beibringen kann, wie man gute Arbeit leistet, wenn man bereit ist, genügend Zeit zu investieren. Ich möchte nicht sagen, daß die Bücher unrecht haben, aber in so einer kleinen Firm,a wie wir es sind, ist es einfacher, jemanden, der einen Haufen Probleme hat, zu ersetzen. Uns fehlt die Kapazität, eine Menge Zeit in jemanden zu investieren, der unproduktiv ist und dem die Kunden egal sind. Wir können es uns nicht leisten, so lange zu warten, bis jemand „zu sich" findet. Die Konkurrenz ist zu groß. Es ist keine Sünde, jemandem zu kündigen.

Das trifft besonders auf diejenigen zu, die eine Schlüsselposition innehaben und von denen es abhängt, ob die Firma erfolgreich ist oder nicht. Steve Mulvany, Präsident von „Management Tools" – einer anerkannten kalifornischen Firma, die Experte für die Ausarbeitung und die Durchführung von effektiven Leistungssystemen ist – nennt diese Positionen „spielentscheidende" Positionen.

In Baseball kann man ohne einen exzellenten Werfer nicht gewinnen.

Für ein Footballmatch braucht man einen sehr guten „Quarterback".

Im Basketball benötigt man einen ausgezeichneten Spielmacher.

Im Geschäftsleben ist es nicht anders. Die spielentscheidenden Positionen – wie z. B. der Kreditberater in der Bank, die Piloten bei Fluglinien, der Herausgeber, der verantwortlich ist für die Veröffentlichung dieses Buches – können nicht mit Durchschnittsmenschen besetzt werden.

Unsere spielentscheidenden Leute sind die Verantwortlichen für Neuwagen, Gebrauchtwagen, Kundendienst, Finanzierung und Versicherung, Teile, Karosseriewerkstatt und unsere Controller. Sie entscheiden über den Erfolg oder Mißerfolg unserer Firma – mehr als ich –, denn sie beeinflussen die Beziehung zu unseren Kunden, und auch unser Gewinn hängt von ihnen ab.

Wenn ein Mitarbeiter in dieser Position nur durchschnittliche oder gar unterdurchschnittliche Leistungen erbringt, versuchen wir sofort die Gründe dafür zu finden. Hat er die notwendige Weiterbildung erhalten? Hat er genügend Erfahrung? Hat er wirklich alle notwendigen Fähigkeiten für diese Arbeit?

Wenn die Antwort auf diese Fragen „ja" ist und er die verlangte Leistung noch immer nicht bringt, müssen Sie etwas unternehmen. Belassen Sie nie jemanden in einer Schlüsselposition, wenn er die Leistung nicht erbringen kann. In diesen Positionen ist Durchschnittlichkeit nicht tragbar, egal, wie gerne Sie ihn haben, wie lange er schon in der Firma ist und wie gut der Angestellte bis jetzt gearbeitet hat. Versetzen Sie ihn, Sie müssen ihm ja nicht kündigen.

Sie können ewig herumsitzen und all die mildernden Umstände besprechen, die jemanden in einer spielentscheidenden Position davon abhalten, seine Arbeit zu tun. Aber hören Sie auf zu reden, folgen Sie Ihrem inneren Gefühl und handeln Sie – je eher, desto besser.

CHECKLISTE

- Nachdem Sie jemanden angestellt haben ... sprechen Sie mit ihm darüber, wie er in Ihrer Firma erfolgreich sein kann. Erklären Sie ihm die Firmenphilosophie und nennen Sie ihm Vorbilder.
- Scheuen Sie sich nicht, jemandem zu kündigen. Arbeiten Sie mit den schwächeren Mitarbeitern hart daran, ihre Leistung zu erhöhen. Aber wenn es feststeht, daß einer nie Ihren Anforderungen entsprechen wird, kündigen Sie ihm. Es ist für den Mitarbeiter und für die Firma das beste.
- Stellen Sie Leute mit Eigeninitiative ein. Die besten Arbeiter wissen immer, wie man die Vorschriften so auslegen kann, daß für den Kunden – und für die Firma – das Beste herauskommt.

Vier

Wie erfahren Sie, wie gut Sie sind?

Kapitel 18

Zählen Sie mehr als nur Geld

Denken Sie daran, was passierte, als Sie das letzte Mal zum Tennisspielen gegangen sind. Wie lang hat es gedauert, nachdem Sie sich ein bißchen eingespielt hatten, bis jemand kam und sagte: „Wollen Sie einen Satz spielen?"

In Wirklichkeit meinte er aber: „Wollen wir uns aneinander messen?" Wir alle, sei es nun am Tennisplatz oder im Beruf, wollen wissen, wie gut wir sind. Der einzige Weg, es herauszufinden, ist, sich dem Wettbewerb zu stellen.

Die Verkäufe zu zählen ist eine Art, sich zu messen. Es gibt uns einen Gesamteindruck.

Das ist gut, aber nicht genug. Es ist bei weitem nicht so gut wie das, was im Baseball passiert. Während Sie sich ein Spiel im Fernsehen anschauen, erscheint am Bildschirm eine Einblendung, die Ihnen eine genaue Trefferquote des Spielers gibt, und Sie können daraus ersehen, ob er gerade überdurchschnittlich spielt oder nicht.

Bei der Arbeit sind wir nicht so anspruchsvoll. Aber wir sollten es eigentlich sein. Wir sollten genau wissen, wie wir etwas machen, dann können wir herausfinden, wo unsere Verbesserungsmöglichkeiten liegen könnten. Der einzige Weg, das herauszufinden, ist daß wir alles nur Mögliche messen. Und das tun wir auch.

Einige Leute glauben, daß das falsch sei. Sie messen nichts. Sie sagen den Leuten nur: „Geben Sie Ihr Bestes!" Das ist dumm.

Das ist dumm, weil das Beste vielleicht nicht genug ist. Es ist wie im Sport. Sprechen wir einmal über den 100-Meter-Lauf. Wenn die schnellste Zeit, die ein Läufer erreichen kann, bei 15 Sekunden liegt, dann, tut mir leid, ist das einfach nicht gut genug. Er wird nicht gewinnen, ganz egal, wen er kennt oder wie klug er auch ist.

Wir alle kämpfen auf irgendwelchen Schauplätzen – seien es die Olympischen Spiele oder das Geschäft –, und unser Bestes zu geben ist hier nicht gefragt. Wir müssen besser sein als die Konkurrenz. Wir müssen der Beste sein.

Darum messen wir die Leistung – von jedem, auch von mir. Wir wollen wissen, wie gut jeder einzelne ist und, was genauso wichtig ist, wir wollen wissen, was man braucht, um die Besten zu sein. Wenn der Rekord für die 100 Meter bei 9,9 Sekunden liegt und jemand 15 Sekunden braucht, dann wissen wir, daß er um 5,1 Sekunden schneller werden muß.

Der Managementberater Steve Mulvany hat uns sehr geholfen, unsere Produktivität zu verbessern. Er hat mir die Wichtigkeit von Messungen, Reaktion und Anerkennung erklärt.

Steve erkannte den Zusammenhang zwischen Messung und Leistung bereits in der Schule. Lassen wir ihn erzählen, wie es dazu kam.

„Als ich im College war, arbeitete ich jeden Sommer in einer Tomatenmarkfabrik. Meine Arbeit bestand aus zwei Teilen:

Erstens, die Maschine auszuschalten, wenn etwas falsch lief. Das war leichter gesagt als getan. Die Maschine fertigte nämlich 650 Dosen pro Minute. Wenn ich den Fehler aber nicht hörte, würde die Maschine plötzlich blockieren und 90 Grad heißer Tomatensaft auf meinen Bauch spritzen.

Der zweite Teil meiner Arbeit war, Deckel in die Maschine zu geben – wirklich langweilig. Ich wußte, wenn ich meine Arbeit nicht interessanter machen könnte, würde ich verrückt werden – der Kerl neben mir war es bereits.

Ich begann also meine Leistung zu verfolgen. Die Firma zählte die Anzahl der Schachteln, die Gesamtflüssigkeitsmenge, die gearbeiteten Minuten, die Stillstandszeiten und Wartungskosten meiner Maschine.

Ich zählte Deckel.

Jeden Tag verfolgte ich, wie viele Schachteln mit Deckel ich verbraucht hatte, und multiplizierte die Schachteln mit 3600 (die Anzahl der Dekkel pro Schachtel), um die Gesamtanzahl der Deckel, die tagsüber durch meine Maschine gelaufen waren, zu eruieren. Täglich schrieb ich die erreichte Zahl auf einen Zettel.

Nach vier Tagen Ergebnisverfolgung versuchte ich mein eigenes bestes Ergebnis zu schlagen. Ich versuchte sogar herauszufinden, wie viele Deckel ich pro Stunde in die Maschine geben müßte, um einen Rekord aufzustellen.

Die Firma wußte nicht, daß ich zählte. Meine Maschine erzielte die höchste Produktion in der ganzen Fabrik.

Jeder zählt. Ob jemand Telefonverkauf macht, Briefe schreibt, Autos repariert, Kohle abbaut oder Tomatenmark abfüllt, er wird zählen. Die Aufgabe des Managements ist, ein Meß- und Reaktionssystem zu entwickeln, das für den einzelnen oder für das Team von Interesse und sachdienlich ist."

Wir mochten Mulvanys Idee, daher beauftragten wir ihn, uns bei der Erstellung eines sinnvollen Meßsystems zu unterstützen.

Er begann damit, daß er uns Dinge zur Auswahl stellte, die man messen kann.

I. Quantität

- **A den Geldbetrag der Verkäufe**
- **B die Anzahl der fertigen Einheiten**
- **C die ausgelieferten Aufträge**
- **D die erledigten Anrufe**

II. Qualität

- **A die Anzahl der richtig erledigten Dinge**
- **B Prozentsatz der Stammkunden**
- **C Verhältnis der positiven und negativen Briefe**
- **D Kundenzufriedenheit**
- **E Fluktuationsrate des Personals**

III. Kosten

- **A Gesamtkosten pro verkaufter Einheit**
- **B Arbeitskosten**
- **C Budget gegenüber ist**
- **D Debitorenkonten**
- **E Kosten pro Quadratmeter**

IV. Pünktlichkeit

- **A Durchschnittliche Zeit, um eine Bestellung auszuführen**
- **B Prozentsatz der rechtzeitigen Lieferungen**
- **C Prozentsatz der Aufgaben, die innerhalb von 48 Stunden erledigt wurden**

Nachdem wir herausgefunden hatten, welche Arten von Dingen wir messen wollen – wir sprechen gleich darüber –, gab uns Mulvany vier Fragen, über die wir vor Anwendung dieses Leistungssystems nachdenken sollten. Wieder lassen wir Mulvany erklären:

Ist messen wichtig?

Werden sich die Angestellten an die Indikatoren halten? Sind die Daten zumindest jede zweite Woche (längere Abstände sind für das Leistungs-Feedback nicht effektiv) verfügbar? Wenn man aufhört, die Daten zu verfolgen, würde es irgend jemand bemerken? Wird ein gutes Maßsystem erhebliche Auswirkungen auf die Firma oder die Abteilung haben?

Ist das Messen leicht durchzuführen?

Wenn jemand mehr als 15 Minuten braucht, um die Aufzeichnungen zu machen, ist es wahrscheinlich nicht vernünftig, es zu tun. Der einfachste Weg, ein System aufzubauen, ist, mit bereits vorhandenen Daten zu arbeiten. Machen Sie sich Gedanken, wie Sie ein automatisiertes System auf Ihren Computern erstellen können.

Wird der Angestellte das Messen verstehen?

Es gibt einige Management-Kennzahlen (ROI, Lagerumschlagsgeschwindigkeit, Außenstandsdauer etc.) die in der Regel für nicht-leitende Angestellte unverständlich sind. Die effektivsten Kennzahlen werden einfach ausgedrückt. Es ist am besten, Dinge in Einheiten darzustellen, Geld ist das zweitbeste, Prozentsätze kommen erst an dritter Stelle. Das Management verwendet sie komischerweise meistens in umgekehrter Reihenfolge: Prozentsätze, Geld und schließlich Einheiten.

Werden die Messungen positiv ausgedrückt?

Wenn Sie Fehlzeiten messen können, können Sie genauso Anwesenheitszeiten feststellen. Zeichnen Sie nicht verspätete, sondern pünktliche Lieferungen auf. Die Leute werden viel lieber nach einem Ziel streben als versuchen, Fehler zu vermeiden.

Wenn Sie nur über das nicht Wünschenswerte berichten, werden sich die Leute unsicher sein, welches Ergebnis von ihnen erwartet wird.

Nachdem Mulvany uns all das erklärt hatte, setzten wir uns hin und versuchten unsere Kennzahlen festzulegen. Es wurde ein fünfstufiger Prozeß.

Erstens mußten wir festlegen, was wir jeweils messen wollen. Für einen Verkäufer würde es die Anzahl der verkauften Autos pro Monat sein. Für einen Angestellten der Debitorenabteilung dürfte es die durchschnittliche Anzahl an Tagen sein, die er braucht, um eine Rechnung einzukassieren.

Zweitens: Nachdem wir festgelegt hatten, was wir messen, mußten wir die Durchschnittswerte der Branche herausfinden. Überall gibt es Handelskammern, und die meisten haben diese Durchschnittswerte.

Der Durchschnitt wurde zu unserer Mindestzahl, die wir akzeptierten. Unser Ziel war immer, innerhalb der besten 5 % zu liegen. Unsere Verkäufer sind ein gutes Beispiel dafür, wie es funktionieren soll.

Als wir im Jahre 1957 anfingen, die Anzahl der Autoverkäufe pro Verkäufer aufzuzeichnen, verkauften unsere Leute sechs Autos pro Monat, und das entsprach ungefähr dem nationalen Durchschnitt. Also setzten wir unser erstes Ziel auf acht Wagen im Monat. Als wir acht erreicht hatten, konnten wir sogar noch auf zehn erhöhen, seither haben wir die Anzahl ständig erhöht. Heute glaubt niemand, daß er einen tollen Monat hinter sich hat, wenn er nicht 20 oder mehr Autos verkauft hat. Wir erwarten von ihnen, daß sie 15 verkaufen.

Während der letzten 33 Jahre hat sich auch der nationale Durchschnitt erhöht – auf acht.

Warum heben wir unsere Erwartungen immer wieder an? Damit wir nicht selbstzufrieden werden. Man kann leicht schlampig werden, wenn man sein Ziel einmal erreicht hat. Um sicherzugehen, daß das nicht passiert, muß man immer wieder einen höheren Berg besteigen. Sie müssen Ihren Standard kontinuierlich anheben – sowohl um die Leute „hungrig" zu halten als auch um immer vor der Konkurrenz zu liegen. Wenn Sie einmal zufrieden sind, können Sie sicher sein, daß Sie jemand überholen wird. Sie dürfen niemals aufhören, Ihre Leistung zu verbessern.

Es ist schon komisch mit Zielen. Anfangs, wenn man sie ankündigt, sagen eine Menge Leute, daß sie unmöglich sind; es gibt keine Möglichkeit, daß irgend jemand das je erreichen könnte. Aber das ist genauso wie mit der Vier-Minuten-Meile. Lange Zeit glaubte niemand, daß irgendwann irgendwer so schnell laufen könne. Aber als Roger Bannister es geschafft hatte, wurden die Zeiten immer schneller und schneller, und heute liegt der Rekord bei 3:46 (Steve Cram).

Das gleiche passierte beim Hochsprung. Jeder behauptete, daß niemand 2,40 m springen würde. Aber 1989 schaffte es der Kubaner Javier Sotomayor. Plötzlich gab es eine ganze Menge von Leuten, die 2,38 m sprangen. Es wird nicht mehr lange dauern, und man wird mehr als 2,40 m schaffen. Aber irgend jemand mußte eben diese Barriere zuerst brechen.

Genauso verhält sich das beim Autoverkauf. Als wir 1989 das Ziel bei 20 Hyundais pro Monat setzten, sagte jeder, daß dies unmöglich sei. Es ist auch hart. Für jeden Verkauf, den man tatsächlich macht, muß man sich mit zwei bis drei beschäftigen. Für viele der Hyundai-Käufer ist es schwer, ihre Kreditwürdigkeit zu beweisen. Normalerweise ist es der erste Neuwagen, den sie kaufen, daher haben sie kaum eine „Kredit-Geschichte" vorzuweisen. 20 Autos pro Monat sind daher eine Herausforderung. Viele unserer Hyundai-Verkäufer dachten, daß wir dies nie schaffen würden.

Aber dann kam Mel Warren, ein total auf Wettbewerb eingestellter Mensch, und verkaufte 20 Hyundais in einem Monat – tatsächlich verkaufte er 26. Dann sagten einige unserer Verkäufer: „Wenn der 20 verkaufen kann, so kann ich das auch. (Drei haben es kürzlich geschafft.) Aber was ich wirklich tun möchte, ist, Warrens Rekord zu brechen."

Menschen sind von Natur aus ehrgeizig. Sie versuchen die gesetzten Ziele zu überschreiten, ganz egal ob sie dafür bezahlt werden oder nicht. Das Geheimnis ist, die Ziele entsprechend dem Interesse der Firma zu setzen.

Da gibt es noch etwas Interessantes über Zielsetzungen. Die Leute werden sie erreichen wollen – sogar wenn sie nicht extra dafür bezahlt werden (Kapitel 20 erklärt, wie wir unsere Mitarbeiter bezahlen). Menschen sind von Natur aus ehrgeizig; sie versuchen alle in sie gesetzten Erwartungen zu übertreffen. Als wir damit anfingen, alles zu messen, kamen die Burschen zu uns, welche die fertig reparierten Autos zu den Kunden bringen. Sie fragten nach den Resultaten der Kundenumfrage, die sie betrafen. Als wir ihnen die Ergebnisse bekanntgaben, war eine der Fragen, die sie heraussuchten: „Wie lange mußten Sie auf Ihr Auto warten, nachdem Sie Ihre Rechnung bezahlt hatten?"

Wir hatten die Zeit verfolgt – sie lag bei ungefähr sechs Minuten –, aber sie wußten nie genau, wie lange sie persönlich brauchten. Als wir ihnen die Zeiten zeigten, hatten sie alle die gleiche Frage: „Wer ist der Schnellste?“ Seither hängen wir ihre Zeiten immer aus. Sie fingen an zu laufen, und der Durchschnitt liegt nun bei drei Minuten. Sie sind sehr stolz, wenn sie es unter drei Minuten schaffen – das ist das Ziel, das sie sich selbst gesetzt haben. Wenn sie herausbekommen, daß ein Mechaniker ein Auto falsch geparkt hat und sie es erst suchen müssen (was natürlich die Zeit erhöht), gehen sie wahrscheinlich in die Werkstatt zurück und machen ihm die Hölle heiß.

Das ist nur ihr privater Wettbewerb. Sie bekommen keine Prämien, wenn sie ein Auto in weniger als drei Minuten bringen. Sie wollen nur ein bißchen angeben und die Kollegen ärgern, die etwas langsamer sind. Darum bekommen unsere Kunden jetzt ihre Autos schneller als je zuvor.

All das ist wirklich ziemlich logisch. Denken Sie daran, als Sie das letzte Mal mit einem Freund Racketball gespielt haben. Höchstwahrscheinlich rannten Sie quer über das Feld und gegen die Mauer, versuchten einen Schuß, und für all diese Anstrengungen wurden Sie nicht bezahlt. Sie wollten einfach gewinnen.

Das ist die menschliche Natur. Die Leute wollen sich messen, ob sie nun sechs oder sechzig sind.

Wir engagierten einen Verkäufer, der in seinen Sechzigern war. Er hatte eine lange Zeit für einen Händler gearbeitet und war es gewohnt, acht oder neun Autos pro Monat zu verkaufen. Als er zu uns kam, merkte er natürlich, daß unsere Erwartungen viel höher sind.

Er schaute sich seine Kollegen an, die problemlos doppelt soviel verkauften wie er, und sagte: „Ich will nicht in Pension gehen und Däumchen drehen. Ich kann mich mit diesen jungen Hupfern messen!“ Und er machte sich. Er verkauft nun um 50 Prozent mehr Autos als früher. Das passierte nur, weil er nicht hinter den anderen zurückstehen wollte.

Wir sind alle aus dem gleichen Holz geschnitzt.

Deshalb messen wir alles und hängen die Resultate aus. Auf diese Weise kann sich jeder messen. Die Zeiten der Leute, die die Autos zu den Kunden bringen, kann man im Werkstattbereich finden; in der Debitorenbuchhaltungsabteilung gibt es Diagramme (eins sieht man auf Seite 115) und den Kundenzufriedenheitsindex kann man überall finden. (Nicht alles wird ausgehängt. Wir ermitteln auch den Bruttogewinn pro Auto pro Verkäufer, diese Art von Information wird in ein Buch geschrieben, in das alle unsere Verkäufer Einblick nehmen können, unsere Kunden aber nicht.)

Die Diagramme und Graphiken, die wir aushängen, sind personalisiert. Jeder Mechaniker hat über seinem Arbeitsplatz ein Schild, das seinen Namen zeigt. Außerdem ist da noch genug Platz für die kleinen Cadillac-Wappen und -Kränze, die jemand für hundertprozentig richtige Arbeit in einem Monat bekommt.

Zusätzlich wird die Leistung der Mechaniker als Graphik dargestellt und ausgehängt. Mit einem Blick kann er seine 96 Prozent mit den Leistungen der anderen Mechaniker vergleichen. (Er wäre ungefähr durchschnittlich.) Die Zahl errechnet sich folgendermaßen: man dividiert die richtig ausgeführten Arbeiten durch die Gesamtarbeiten. Je mehr man aushängt, desto effektiver ist es. Weil wir glauben, daß Mulvany recht hat, zeichnen wir die Anzahl der richtig gemachten Arbeiten auf. Es wäre erniedrigend, die Anzahl der Fehler öffentlich auszustellen.

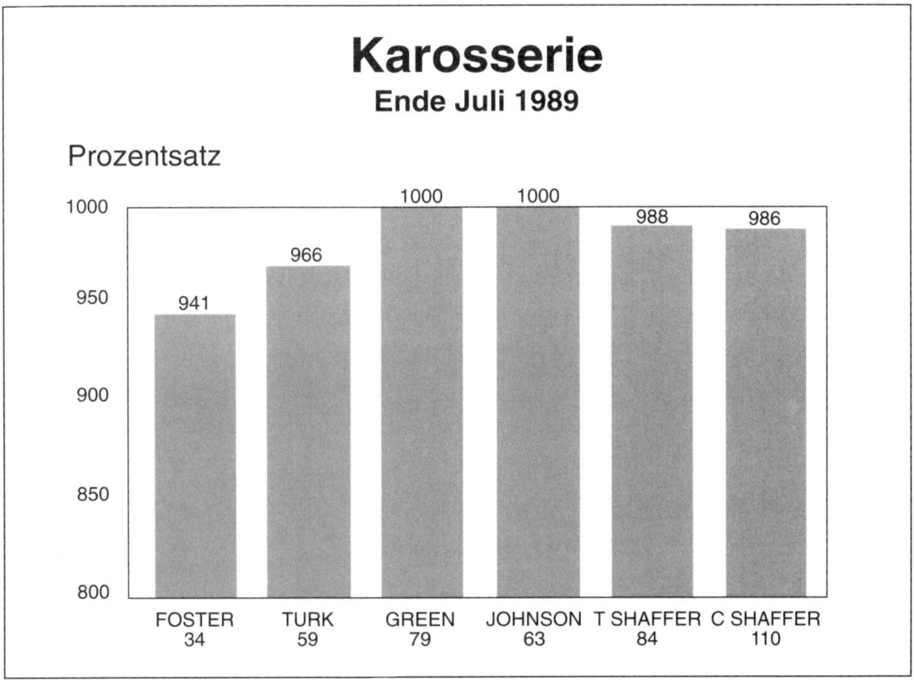

Wir hängen die Resultate aus und personalisieren sie. Dadurch versteht jeder, wie das Spiel gespielt wird und wer es am besten macht. Das Diagramm zeigt nicht, wie lange die zuständige Abteilung braucht, um Rechnungen zu kassieren. Es wird „Elisabeths bezahlte Rechnungen" genannt. In Abteilungen wie der Debitorenbuchhaltung, in der nur eine Person arbeitet, erstellen wir ein Diagramm über zwölf Monate. Dadurch kann sie die langfristigen Trends ablesen, zusätzlich zum monatlichen Vergleich.

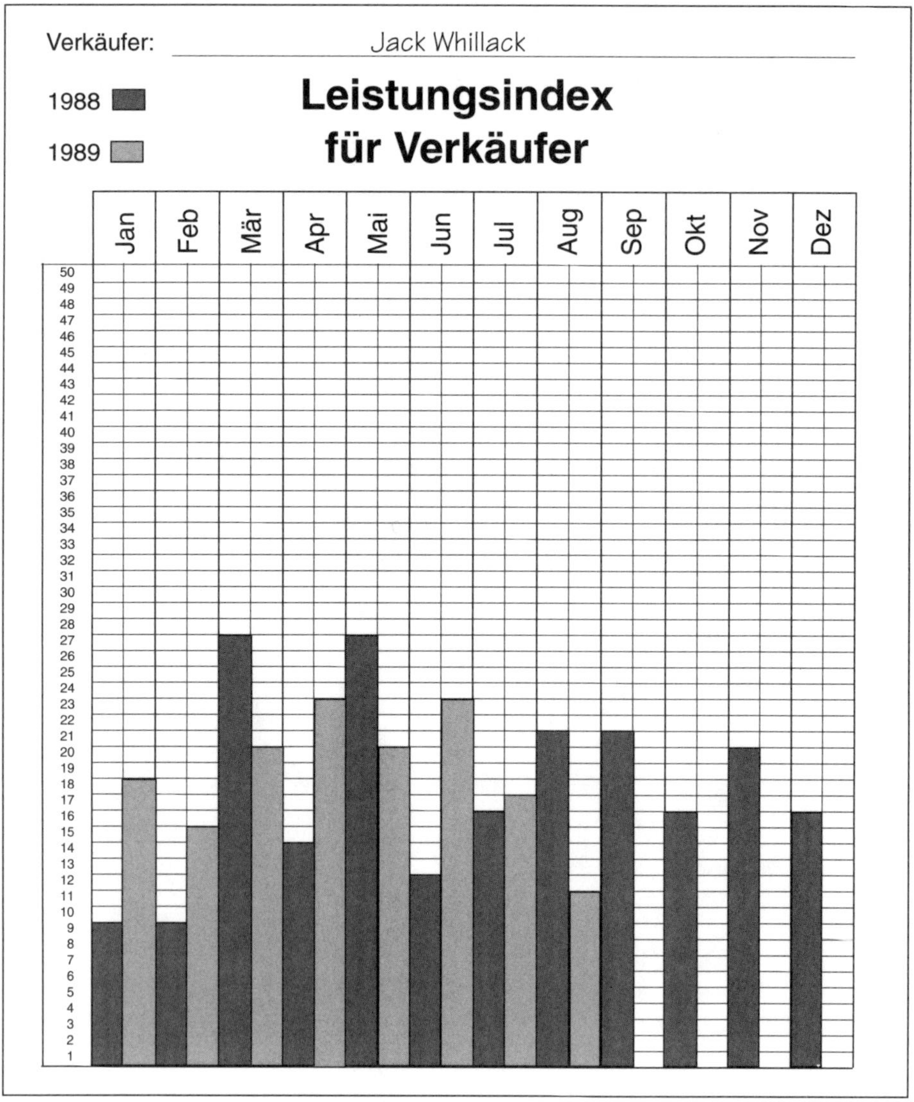

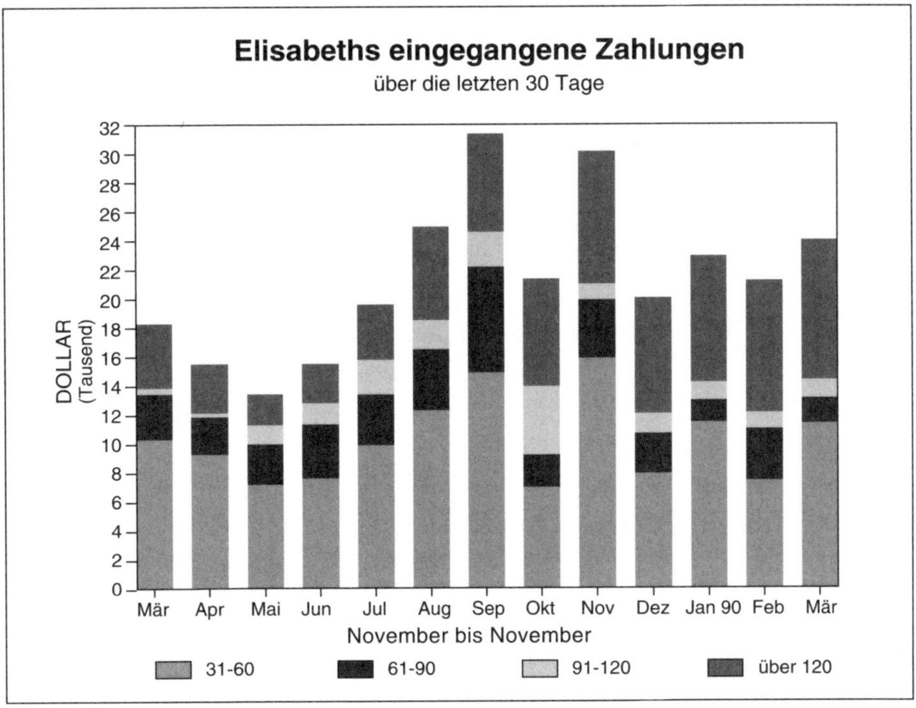

Nicht alle unsere Angestellten mögen es, wenn ihre Leistungen ausgehängt werden, speziell dann, wenn sie ihre Arbeit nicht gut machen. Aber niemand wird daran sterben. Wenn ihre Arbeit ständig schlecht ist, werden sie nicht lange hierbleiben. Niemand will sie um sich haben.

Es gibt noch einen anderen Grund, weswegen die Leute die Diagramme und Graphiken akzeptieren: Wir messen nur Dinge, die die Arbeit betreffen.

Es ist ja nicht so, daß wir alle unsere Mechaniker zum 100-Meter-Lauf hinausschicken und dann ihre Zeiten aushängen. Wir veröffentlichen nur ihre Arbeitsleistung, also etwas, das innerhalb ihrer Macht liegt. Sie können vielleicht nichts dafür, daß sie nicht besonders schnell laufen, aber es liegt sicher an ihnen, daß sie die letzte Motoreinstellung richtig ausgeführt haben. Dies ist die Art von Dingen, die wir messen.

Wenn wir also diese Leistungsmessungen so wichtig nehmen wollen, müssen wir sichergehen, daß wir fair und faktenbezogen messen.

Zuerst zur Fairneß:

Nehmen wir einmal an, wir messen die Leistungen zweier Mechaniker. Einer macht eine leichte Arbeit wie Autowaschen, der andere repariert Getriebe. Einige Leute denken jetzt vielleicht, daß das Reparieren der Getriebe wichtiger ist. Der Kunde denkt aber nicht so. Der Kunde möchte alles richtig erledigt wissen.

Daher sind beide Arbeiten gleich wichtig. Jede Person bekommt die Wappen und Kränze und öffentliche Anerkennung, wenn sie oder er die Arbeit richtig macht. Wir bezahlen sie aber trotzdem unterschiedlich. Natürlich wird der Mechaniker, der die Getriebe repariert, mehr verdienen.

Um faktenbezogen zu sein, messen Sie die Dinge, die wichtig sind, und messen Sie sie richtig. Geben Sie der Person, deren Arbeit Sie messen, die Gelegenheit, Sie auf Fehler des Meßsystems aufmerksam zu machen.

Wir werden immer gefragt: „Bekommen Ihre Mitarbeiter Prämien für außergewöhnliche Leistungen?"

Es gibt darauf zwei Antworten: „Nicht unbedingt", und „normalerweise nicht".

Das ist nicht unamerikanisch.

Erinnern Sie sich daran, wie wir die Leute bezahlen. Da sie für jede fertige Arbeit bezahlt werden, bekommen sie mehr Geld, wenn sie mehr arbeiten. Diese zusätzlichen Zahlungen sind keine Prämie; sie haben das Geld tatsächlich verdient.

Die zweite Antwort, daß wir normalerweise keine Prämien zahlen, bezieht sich auf die Art von Mitarbeitern, die wir beschäftigen. Wir stellen gute Leute ein, und wir bezahlen ihnen mehr als die Konkurrenz, weil sie beständig Hervorragendes leisten. Tatsächlich sind überdurchschnittliche Leistungen unser Standard geworden.

Die Frau, die bei uns die Garantiefälle bearbeitet, ist ein großartiges Beispiel dafür.

Wenn Sie ein Auto kaufen, verspricht Ihnen der Hersteller, daß einige Dinge für eine bestimmte Zeitspanne nicht kaputtgehen werden. Die Batterie wird beispielsweise zumindest drei Jahre lang funktionieren. Bestimmte Dinge werden gratis erledigt. Lexus, zum Beispiel, verrechnet für die ersten beiden planmäßigen Kundendienste nichts.

Obwohl diese Arbeiten für den Kunden gratis sind, bekommen die Händler trotzdem dafür bezahlt. Nachdem wir diese Garantiearbeiten erledigt haben, werden uns die Kosten vom Hersteller zurückerstattet. Das zählt zu ihren Geschäftskosten.

Wir haben eine Mitarbeiterin, die für diese Garantierückerstattung verantwortlich ist. Zu der Zeit, als sie den Job bekam, dauerte es durchschnittlich 45 Tage. Es dauerte also 45 Tage bis wir den Scheck von General Motors erhielten, nachdem wir eine Batterie ausgetauscht hatten.

Das war einfach zu lang. Als wir versuchten herauszufinden, wie lange es dauern sollte, fragten wir – so wie wir es immer machen: „Was ist die Norm?" Es stellte sich heraus, daß der nationale Durchschnitt bei 15 Tagen liegt. Bekam sie also eine Prämie, als sie die Rückerstattung von 45 auf 15 Tagen verkürzte? Nein.

(Mittlerweile konnte sie auf neun Tage reduzieren, und wir gaben ihr eine kleine Lohnerhöhung.)

Aber noch einmal, Geld ist normalerweise nicht die motivierende Kraft. Kollegen werden an ihren Schreibtisch kommen und die Diagramme sehen, die zeigen, daß Garantierückerstattungen nun bei neun Tagen liegen. Sie werden sagen: „Das ist großartig!" Ihr Chef wird sie zum Mittagessen ausführen. Ganz allgemein werden die Leute in ihrer Abteilung eine große Sache daraus machen.

Einige Leute hören sich an, wie wir unsere Meßsysteme festgelegt haben, und sagen: „Das würde bei mir nicht funktionieren. Ich werde auf diese Weise nicht motiviert. Ich würde nicht härter arbeiten, nur weil meine Leistungen ausgehängt werden."

Absoluter Blödsinn. Die Leute wissen, wieviel sie gearbeitet haben, und sie sind entweder stolz darauf oder schämen sich dafür. Ganz nebenbei: Die Leute wollen wirklich wissen, wie gut sie sind.

Einige Tätigkeiten sind schwieriger zu messen als andere. Wir kommen also auf die Wichtigkeit des fairen Messens zurück. Man kann aber immer etwas Meßbares finden: die Anzahl der verkauften Autos, die verarbeiteten Güter, die während einer Schicht gebratenen Hamburger.

Mulvany und Deming behaupten, daß wir das Messen als Form der Motivation etwas übertreiben. Normalerweise wollen sie, daß die Betriebe die Leistungen eines Teams oder einer Abteilung messen. Wie viele Pommes frites wurden von der Abendschicht bei McDonald's verkauft und solche Dinge.

Ich denke, das ist prima, aber ich möchte auch wissen, was jeder einzelne gemacht hat. Es ist so wie im Baseball. Es ist großartig zu wissen, ob Ihr Team gewonnen oder verloren hat, Sie wollen aber auch wissen, wer das 0 : 4 erzielt hat oder das 4 : 4.

Besteht die Gefahr, daß sich die Leute nur auf ihre eigene Leistung konzentrieren und dies zu Lasten des Teams geht? Sicherlich, aber diese Gefahr gibt es auch im Sport. Darum gibt es auch Trainer (und Chefs).

CHECKLISTE

- **Messen Sie das Wichtige. Sie können den Leuten nicht sagen, daß sie ihr Bestes geben sollen, und dann hoffen, daß ihr Bestes gut genug ist. Sie (und die Leute) müssen wissen, wie gut sie sind und wo sie – und der Betrieb – etwas verbessern können.**
- **Resultate aushängen. Seien Sie fair und sachbezogen im Messen der Leistungen, wenn Sie aber einmal wissen, wie jeder abschneidet, hängen Sie die Resultate aus und geben die Informationen bekannt. Menschen sind von Natur aus auf Wettbewerb eingestellt und wollen ihre Arbeit gut machen. Außerdem wollen sie wissen, wie gut sie sind.**
- **Erhöhen Sie ständig das Niveau der geforderten Leistung. Wenn Ihre Ziele einmal erreicht sind, müssen Sie neue Ziele setzen. Wenn Sie nicht besser werden, wird Sie jemand überholen.**
- **Nicht zu viele Ziele. Wenn sich Ihre Mitarbeiter auf zu viele Dinge konzentrieren müssen, wird es nicht möglich sein, daß sie sich auf irgend etwas konzentrieren.**

  Setzen Sie nicht mehr als fünf Ziele – eines könnte vielleicht genügen.

Fünf

Was bezahlen Sie, um guten Service bieten zu können?

Kapitel 19

Sparen Sie mehr, indem Sie mehr bezahlen

Wenn wir überdurchschnittliche Leute beschäftigen wollen – seien es Mechaniker oder leitende Angestellte –, müssen wir ihnen mehr bezahlen.

Wir müssen unseren Leuten mehr zahlen, als sie woanders bekommen würden. Wir wollen, daß unsere Mitarbeiter auf ihre Arbeit stolz sind. Bessere Bezahlung hilft dabei. Nein, das Gehalt ist für unsere Angestellten nicht das wichtigste Entscheidungskriterium dafür, wie ihnen ihre Arbeit gefällt – tatsächlich setzen es die meisten erst an fünfte oder sechste Stelle –, aber es ist ein Faktor und einer, den ich nicht unterschätzen möchte. Ich glaube nicht, daß jemand in unserer Firma behauptet, daß er zuwenig zu tun hat. Bei unseren Umfragen sagen die wenigsten, daß sie überbezahlt werden. Sie glauben, daß sie das Geld entsprechend ihrer Bemühungen um die Kunden und ihrer Arbeitsleistung verdienen.

Eine der Fragen, welche wir unseren Leuten ständig stellen, ist: „Wie können wir Ihnen helfen, mehr Geld zu verdienen?"

Verschwenden wir Geld durch „Überbezahlung"?

Ich glaube nicht.

Gute Leute machen weniger Fehler. Daher bekommen wir bessere Leistungen. Viel wichtiger aber ist, daß sie viel produktiver und einfallsreicher sind. Wir versuchen nur kluge Leute zu beschäftigen, die unsere Arbeitsweise verstehen. Diese Art von Leuten wird produktiver sein und sich besonders bemühen, exzellenten Kundenservice zu bieten, ohne daß man ihnen dauernd über die Schulter zu schauen braucht. Sie werden also nicht nur bessere Arbeit als die Angestellten unserer Konkurrenz verrichten, wir werden auch weniger Leute brauchen, die sie anleiten. Das senkt unsere Kosten. Tatsächlich macht es uns leistungsfähiger, unseren Angestellten mehr zu bezahlen. Es klingt seltsam, aber es ist wahr. Nehmen Sie unsere Verkäufer als Beispiel:

Nehmen wir an, daß ein Automobilhändler 100 Autos pro Monat verkauft. Wie Sie gehört haben, verkauft ein typischer Verkäufer ungefähr acht Autos pro Monat. Das heißt, daß dieser Händler ungefähr zwölf Verkäufer beschäftigt.

Wir jedoch können 100 Autos pro Monat mit nur acht Verkäufern absetzen. Das heißt, daß wir vier Schreibtische weniger brauchen – wir gewinnen Platz, wir haben nicht zwölf Männer im Verkaufsraum, sondern nur acht. Wir haben vier Telefonleitungen weniger, und auch die Personalkosten sind um diese vier Personen verringert.

Daher sparen wir viel Geld, außerdem ziehen wir die besseren Verkäufer an, weil sie bei uns mehr Geld verdienen können als bei irgend jemand anderem. Unser durchschnittlicher Chevrolet-Verkäufer verkauft ungefähr 12,5 Autos im Monat (100 Autos dividiert durch acht Verkäufer), während ein Verkäufer unserer Konkurrenz nur durchschnittlich acht verkauft. (Ihre 100 Autos werden von zwölf Leuten verkauft.)

Wo würden Sie lieber arbeiten? Dort, wo der Durchschnitt acht Autos pro Monat, ist oder dort, wo man um 50 Prozent mehr verkaufen kann? Die Tatsache, daß man bei uns viel mehr Geld verdienen kann, hat sich in der Branche herumgesprochen. Die besten Verkäufer bewerben sich bei uns. Damit haben wir eine aufstrebende Spirale an Qualität in Gang gesetzt, dank unserer guten Bezahlung. Trotzdem fallen unsere Kosten pro verkauftem Auto, weil wir weniger Verkäufer brauchen. Jeder gewinnt dabei.

Die gleichen Dinge bewahrheiten sich auch für unsere Mechaniker. Nehmen wir einmal an, daß ein Mechaniker bei einem durchschnittlichen Händler sechs Reparaturen während einer Acht-Stunden-Schicht schafft. Während der gleichen Zeit können unsere Mechaniker acht Reparaturen ausführen. Warum? Weil wir ihre Zeit nicht verschwenden. Sie müssen das nächste Auto, an dem sie arbeiten werden, nicht erst suchen. Wir haben ein Computersystem, das anzeigt, wo sich jedes Auto befindet. Sie müssen nicht herumstehen und auf die benötigten Teile warten. Wenn es ein Teil ist, das sie zumindest einmal pro Woche brauchen, wird es sogar unterhalb ihrer Werkbank gelagert. Wir stellen ihnen die richtige Ausstattung zur Verfügung. Sie werden gut geschult, so daß sie keine Zeit damit verbringen müssen, herauszufinden, wie die Arbeit überhaupt gemacht wird. Sie wissen es, bevor sie mit der Arbeit beginnen.

Wir bezahlen unseren Mechanikern genau das, was sie auch bei anderen Händlern für eine Reparatur bekommen würden, und wir verrechnen unseren Kunden auch den gleichen Preis wie andere Händler, aber unsere Mechaniker verdienen 33 Prozent mehr (und wir auch), weil sie um ein Drittel produktiver sind.

Nun, was bei unserem System passieren kann: Die Leute können eine ganz schöne Stange Geld machen. Das finden wir in Ordnung, jedoch macht es einige Arbeitgeber nervös. Sie glauben, daß sie den Mitarbeitern zuviel bezahlen.

Das macht mich nicht nervös. Es ist großartig. Tatsächlich beschäftigen sich meine leitenden Angestellten und ich mit der Frage: „Wie können wir Ihnen helfen, mehr Geld zu verdienen? Mit anderen Worten, wie können wir Sie produktiver machen?" Als wir den Mechanikern diese Frage stellten, hatten sie die Idee, ein Computersystem zu entwickeln, das anzeigt, wo sich die Autos jeweils befinden. Das macht es wesentlich einfacher, das Auto zu finden, an dem man als nächstes arbeiten muß. Wir setzten ihre Idee in die Tat um, und jetzt haben sie mehr Zeit, um ihre Arbeit zu verrichten. Sie verdienen mehr Geld und wir auch.

Für uns ist das einleuchtend, aber viele Betriebe bemühen sich geradezu, das Gegenteil zu tun.

Oft passiert folgendes: Jemand macht seine Sache in einem Verkaufsgebiet wirklich gut, und die Firma teilt das Verkaufsgebiet auf, weil man denkt, daß der Verkäufer zuviel verdient. Das ist falsch. Warum hilft man ihm nicht, sogar noch mehr zu verdienen? Verschaffen Sie ihm einen Assistenten. Wenn er wirklich gut ist und sein Marktanteil und seine Spannen stimmen, lassen Sie ihn doch eine Menge Geld verdienen. Wozu seine Bezahlung kürzen? Warum ihm den Anreiz nehmen? Das ist unamerikanisch. Lassen Sie ihn soviel verdienen, wie er nur kann. Wenn Sie einen wirklichen Superstar haben, lassen Sie ihn arbeiten. Wenn er mehr Geld verdient, wird auch die Firma mehr einnehmen.

Dazu mein Lieblingsbeispiel: Curley Crawford war ein Mann, der unsere Kundendienst-, Teile- und Karosserieabteilungen wirklich veränderte. Er machte sie zu hervorragenden Abteilungen. Crawford ist ein wahrer Held in unserer Organisation. Als wir ihn vom Mechaniker zum Kundendienstdirektor beförderten, betrug sein Gehalt 27 500 Dollar pro Jahr plus 10 Prozent Anteil an der Gewinnerhöhung seiner

Abteilungen. Die Kundendienstabteilung brachte zu dieser Zeit keinen Gewinn.

Am Ende des zweiten Jahren verdiente er 75 000 Dollar. Als er in die nächste Steuerstufe kam, sagte er zu seinen Freunden in der Firma: „Die werden mich niemals soviel Geld verdienen lassen. Sie werden meine Bezahlung kürzen. Ihr werdet sehen, sie werden die Vereinbarungen ändern."

Ich fand das amüsant. Wir hatten nicht in Betracht gezogen, seine Bezahlung zu verändern, und wir veränderten sie auch nicht.

Im nächsten Jahr verdiente er 100 000 Dollar und er sagte: „Dieses Jahr werden sie die Bezahlung sicherlich kürzen."

Daher bestellte ich ihn zu einem Gespräch und sagte: „Curley, wir müssen über Ihre Bezahlung sprechen."

Seine Körpersprache sagte: „Ich wußte es! Er ist wie jeder andere. Er wird meine Bezahlung kürzen." Er saß nur da und starrte mich an.

Ich sagte: „Ich bin wirklich stolz auf Ihre Arbeit und hoffe, daß Sie im nächsten Jahr noch mehr Geld verdienen werden."

Zwei Jahre später bezahlten wir ihm 150 000 Dollar, und ich rief ihn nochmals zu mir und wußte, daß er erwartete, daß ich seinen Vertrag ändern würde. Er hatte den gleichen Ausdruck auf seinem Gesicht und die gleiche Körpersprache.

Ich sagte: „Sie leisteten großartige Arbeit, und wir werden alles so beibehalten, wie es ist."

Er sagte: „Sie werden also mein Zahlungsschema nie ändern, oder?"

Ich sagte nein. Ich sah keine Veranlassung. Sicherlich, sein zehnprozentiger Anteil an der Gewinnsteigerung summierte sich zu einer schönen Stange Geld, aber der Händlerbetrieb bekam ja schließlich die anderen 90 Prozent. Warum sollten wir den Eifer eines Mannes brechen, der eine so großartige Arbeit leistete?

Es ist die Aufgabe des Managements, ein System zu schaffen, das dem Angestellten ermöglicht, seine beste Leistung zu erbringen. Und wenn er seine beste Leistung erbringt, sollte er auch mehr Geld verdienen können. Das ist nur gerecht, er bringt ja schließlich auch der Firma mehr Geld.

CHECKLISTE

- Zahlen Sie gerne mehr. Sie haben sich bemüht, die besten Leute zu beschäftigen. Zahlen Sie ihnen deutlich mehr als die Konkurrenz.
- Dieses zusätzliche Geld ist kein Geschenk. Die Leute sollten wissen, daß sie diese Prämie durch höhere Produktivität und durch „zusätzliche" Leistungen für die Kunden verdienen.
- Sie haben gut investiert. Dieses zusätzliche Geld, das Sie bezahlen, wird nicht verschwendet sein. Es erlaubt Ihnen, talentiertere Mitarbeiter zu beschäftigen, die auch leistungsfähiger sind. Gute Leute machen weniger Fehler, brauchen weniger Überwachung und sind eher bereit, sich wirklich anzustrengen, um den Kunden zufriedenzustellen.
- Ändern Sie die Regeln nicht mitten im Spiel. Wenn es sich herausstellt, daß die Mitarbeiter einen Haufen Geld verdienen, sollten Sie ihre Bezahlung nicht kürzen. Finden Sie Wege, wie sie – und die Firma – noch mehr Geld verdienen können.

Kapitel 20

Partnerschaftliche Bezahlung

Es klingt vielleicht komisch, aber wenn Sie wirklich wollen, daß Ihre Leute wirklich den bestmöglichen Service bieten, schaffen Sie die Gehälter ab. Bezahlen Sie sie wie Partner.

Partnerschaftliche Bezahlung kann viele Formen annehmen. Setzen Sie z. B. einfach alle Mitarbeiter auf Provisionsbasis, oder bezahlen Sie die Leute pro geleisteter Arbeit. Sie können die Angestellten auch am Gewinn beteiligen. Aber wie auch immer, partnerschaftliche Bezahlung ist eine sehr reife Art der Entlohnung. Es gibt den Leuten die Möglichkeit, ihr eigenes Gehalt dadurch zu verbessern, daß sie das Einkommen der Firma erhöhen. Es macht auch allen deutlich, woher das Geld kommt.

Wenn die Angestellten jetzt Anteil am Gewinn der Firma haben, haben sie ein gesteigertes Interesse daran, Kosten zu senken, die Verkäufe zu erhöhen und die Qualität zu verbessern. Einige Positionen (z. B. im Verkauf) werden am besten entsprechend der individuellen Leistung bezahlt. Andere (Herstellung, Buchhaltung) sollten an der Arbeit des Teams oder der Abteilung bemessen werden. Wenn erst einmal ein gutes und genaues Meßsystem entwickelt worden ist, ist das Konzept der partnerschaftlichen Bezahlung ein ziemlich faires System.

Diese Art der Bezahlung funktioniert auf allen Hierarchieebenen, daher verwenden wir sie in unserem ganzen Unternehmen. Die leitenden Angestellten bekommen einen Prozentanteil des Reingewinns, den die Abteilung, für die sie verantwortlich sind, erwirtschaftet hat.

Dort, wo es zu Konflikten kommen könnte, werden Leute aus dem gleichen Topf bezahlt. Wir müssen sicherstellen, daß die Interessen unserer Angestellten mit denen unseres Unternehmens übereinstimmen, wenn es um die Bezahlung geht. Wir nennen dieses Konzept Parallelbezahlung.

In unserer Firma verkaufen wir Neu- und Gebrauchtwagen. Wenn Sie Neuwagenverkäufer nur aus dem Gewinn der Neuwagenabteilung bezahlen und die Gebrauchtwagenverkäufer aus dem Gewinn der Gebrauchtwagenabteilung, dann gibt es eine Menge Streit über die

Bewertung von Hereinnahmen. Der Neuwagenverkäufer möchte das Eintauschauto so teuer wie möglich erwerben, so daß er ein neues leichter verkaufen kann. Der Gebrauchtwagenverkäufer wünscht sich die Bewertung so niedrig wie möglich, damit er beim Wiederverkauf den höchstmöglichen Gewinn erzielen kann.

Daher nehmen wir die GuV-Konten der beiden Abteilungen zusammen und bezahlen aus dem zusammengenommenen Gewinn. So verlieren und gewinnen die beiden immer zusammen und haben ein gemeinsames Ziel. Und, was genauso wichtig ist, ihre Interessen stimmen mit denen der Firma überein.

Das gleiche Konzept wenden wir bei den Mechanikern an. Wenn sie mehr reparieren, sollen sie auch mehr bezahlt bekommen, vorausgesetzt, daß wir an dieser Arbeit etwas verdienen und daß sie richtig ausgeführt wurde. Wenn der Kunde sein Auto zurückbringen muß, weil der Mechaniker die Arbeit unsachgemäß erledigt hat, wird niemand für die Nacharbeiten bezahlt. Weder der Mechaniker noch die Firma.

Das ist für beide ein Verlust. Dies ist ein weiteres Beispiel für Parallelbezahlung.

Wenn man erst einmal dieses Bezahlungssystem ausgearbeitet hat, funktioniert es richtig gut – zumindest war das während der letzten 20 Jahre so. Von Zeit zu Zeit testen wir es aber, nur um sicherzugehen. Ich erinnere mich an einen hervorragenden Mechaniker, der in der Auslieferungsabteilung arbeitet, das ist dort, wo wir die Radkappen aufsetzen. Dort bringen wir auch noch Kleinigkeiten in Ordnung – an Autos, die mit kleinen Fehlern vom Hersteller geliefert wurden. Außerdem montieren wir noch zusätzliche Extras wie z. B. CD-Player. Dafür wird er pro Stück bezahlt. Wir verfolgten seine Arbeit und machten ein Experiment. Wir bezahlten ihn nicht mehr auf Provisionsbasis, sondern gaben ihm ein festes Gehalt. Er bekam den Monatsdurchschnitt der letzten sechs Monate. Seine Produktivität sank auf die Hälfte der bisherigen. Die Qualität blieb gleich. Er verrichtete vorher und nachher Qualitätsarbeit, aber seine Produktivität sank. Er war nicht mehr unser Partner.

Ich glaube, daß niedrige Produktivitätszahlen häufig daher kommen, weil niemand mitzählt. Niemand zählt die Anzahl der Arbeiten, die jemand richtig macht. Niemand weiß, wie lange man für eine Arbeit brauchen sollte. Wenn Sie wirklich genau mitzählen, kann die Produktivität beinahe so gut werden wie bei partnerschaftlicher Bezahlung. Menschen sind nämlich von Natur aus auf Wettbewerb aus. Wenn ich weiß, daß jemand zehn Ölwechsel täglich schafft, mehr als jeder andere, werde ich mich anstrengen, um elf zu erreichen.

Aber partnerschaftliche Bezahlung ist sogar besser. Die Mitarbeiter sehen einen genauen Zusammenhang zwischen ihrer Arbeit und ihrem Verdienst, wenn sie nach Gewinn oder Stückzahl bezahlt werden.

Wenn jemandem Geld wirklich wichtig ist, dann kann er abends auch länger arbeiten und genügend Geld verdienen, um sich ein Boot leisten zu können. Oder er fängt früher an, um einige zusätzliche Arbeiten zu tun, um so etwas mehr Geld für Weihnachten zu haben. Die Verkäufer können tagsüber länger arbeiten, öfter nachts oder an Samstagen. Die Mitarbeiter werden eine Reihe von Arbeiten finden, die ihnen zusagen, und hoffentlich sind diese auch für die Firma akzeptabel.

Partnerschaftliche Bezahlung ermutigt die Angestellten, die Kunden gut zu bedienen. Es liegt in ihrem eigenen Interesse, die Arbeit gut und freundlich auszuführen. Sie wissen, daß es der Kunde ist, der ihre Bezahlung festlegt.

(Das ist eines der Dinge, die Sie im Laufe der Zeit als Geschäftsführer herausfinden. Sie müssen Anreize für die Fleißigen schaffen – damit sie motiviert bleiben – und Anreize und Disziplin für die weniger Fleißigen.) Wenn jemand damit zufrieden ist, nur sechs Autos pro Monat zu verkaufen, muß er wahrscheinlich woanders arbeiten.

Nun drängt sich aber eine naheliegende Frage zu allem auf: Beeinträchtigt die partnerschaftliche Bezahlung, die sehr stark auf das Eigeninteresse ausgerichtet ist, nicht unser Streben nach exzellentem Kundenservice? Haben es die Angestellten dann nicht so eilig damit, ihre Arbeit zu erledigen, um so ihren Anteil am Gewinn zu verdienen, daß der Dienst am Kunden zu kurz kommt?

Die Antwort ist nein. Sie sind weiterhin warmherzig, freundlich und tüchtig, sie wollen ja, daß der Kunde wiederkommt. Es liegt in ihrem eigenen Interesse, daß der Kunde zurückkommt und etwas anderes kauft. Sie bekommen dann mehr Geld, und unser Unternehmen floriert. Sie bekommen eine zweite Provision auf diesen zweiten Verkauf.

Und weil es einfacher ist, an jemanden zu verkaufen, den sie bereits kennen, als an einen Fremden, tun sie alles, um ihre Kunden gut zu behandeln.

Das wird zu einer sich selbst erfüllenden Vorhersage. Wenn Sie den Kunden gut behandeln, mag er Sie. Wenn er Sie mag, wird er mehr kaufen. Wenn er mehr kauft, verdienen Sie mehr Geld. Also werden Sie den Kunden weiterhin gut behandeln.

Außerdem gibt es noch einen zusätzlichen Vorteil. Wenn Sie Ihre Kunden gut behandeln, werden sie das ihren Freunden erzählen. Diese kommen dann auch, und Sie werden noch mehr Geld verdienen.

Okay, Sie können einwenden, daß wenn der Verkäufer überall hinläuft, um einem bestehenden Kunden bei allem, was er braucht, zu helfen, wird er nicht im Verkaufsbereich sein, um einen neuen Kunden zu begrüßen. Das heißt, daß sein Scheck am Ende der Woche geringer sein wird, als er hätte sein können, wenn er weniger zuvorkommend gewesen wäre.

Das ist nicht wahr. Am Ende des Monats wird sein Umsatz höher sein als der eines Kollegen, welcher sich nicht so intensiv um seine Kunden kümmert. Im Laufe der Zeit werden die zufriedenen Kunden zu ihm zurückkommen und auch ihre Freunde. Wir wissen, daß das stimmt, weil wir es aufgezeichnet haben. Wir fanden heraus, daß die Verkäufer mit dem höchsten CSI, also jene, die sich am besten um die Kunden kümmern, auch das meiste Geld verdienen. Die Händlerbetriebe mit dem höchsten CSI sind die gewinnträchtigsten und genauso wichtig, sie bleiben auch während schlechter Zeiten im Geschäft.

Leute – oder Geschäfte –, die ihre Kunden schlecht behandeln, werden sich nicht lange halten können.

Diese Art der Bezahlung funktioniert gut.

Manchmal ist es schwierig, Leute zu bekommen, wenn man kein festes Gehalt bezahlt. Einige fühlen sich dabei unbehaglich. Wenn dem so ist, geben wir ihnen für eine kurze Zeit ein immer geringer werdendes Basisgehalt – sagen wir einmal 90 Tage. Und so funktioniert es: Im ersten Monat zahlen wir ihm 3000 Dollar plus der vereinbarten Provision, im zweiten Monat 2000 Dollar plus Provision, im dritten Monat 1000 Dollar plus Provision. Ab dem vierten Monat wird er nur noch auf Provisionsbasis bezahlt, genau wie jeder andere. Wenn der Angestellte nach 90 Tagen noch immer nicht auf Provisionsbasis bezahlt werden möchte, muß er sich woanders eine Stelle suchen, und das kommt manchmal vor.

Ein exzellenter Mechaniker kann am Fließband in der GM-Arlington-Fabrik ganz in der Nähe von uns arbeiten, und es kann ihm ganz gut, gehen. Er verdient ungefähr um 30 Prozent weniger als er mit unserem System verdienen würde, aber das sieht er als normal an. Für Leute wie ihn ist ein „normaler Lohnzettel" ein besseres Geschäft.

Für unser System brauchen wir selbständige, aus eigenem Antrieb arbeitende Mitarbeiter. Es veranlaßt sie, mehr Verantwortung für sich selbst zu übernehmen. Ich glaube, daß dies sowohl für unsere Angestellten als auch für unsere Firma gut ist.

Wenn man darüber nachdenkt, ist Provisionsbezahlung, Akkordlohn und/oder Prozentbeteiligung am Nettogewinn die beste Art der Gewinnbeteiligung. Dadurch wird nicht nur eine Partnerschaft ins Leben gerufen, sondern es veranlaßt auch die Mitarbeiter, für ihre Arbeit Verantwortung zu übernehmen. Sie haben das Gefühl, unabhängige Vertragspartner und nicht nur Angestellte zu sein.

Anfangs kostet es natürlich ein bißchen Arbeit, einen Partnerschafts-Bezahlungsplan auszuarbeiten. Um sicherzugehen, daß der Plan fair und erfolgreich ist, müssen Sie einen Weg finden, den Arbeitsanfall, den eine einzelne Person bewältigt, zu quantifizieren. Auch Ärzte und Rechtsanwälte werden auf diese Art bezahlt. Wenn die es also herausfinden können, kann es auch jeder andere.

CHECKLISTE

- Zahlung für Leistung. Setzen Sie jeden auf Provisionsbasis, Akkord oder Prozentanteil am Nettogewinn. Das ist vernünftig. Die Leute sollten nur für die Arbeit, die sie tatsächlich leisten, bezahlt werden. Ohne ausgezeichnete Leistung gibt es keinen Gewinn, den man teilen könnte, und nach einiger Zeit keinen Arbeitsplatz und keine Firma mehr.
- Jeder heißt auch jeder. Abteilungsleiter, Hauptabteilungsleiter, jeder sollte wie ein Partner bezahlt werden, nicht nur der Besitzer.
- Diese Art der Bezahlung bringt jeden dazu, sich um die Kunden zu kümmern. Partnerschaftliche Bezahlung verbessert tatsächlich den Kundenservice. Wenn Sie bezahlt werden wollen, werden Sie zu den Leuten nett sein, die für Ihre Bezahlung verantwortlich sind – also zu Ihren Kunden.

Sechs

Führung ist Leistung

Kapitel 21

Sie können nichts vortäuschen

Ich mag es nicht, das Wort „ich" beim Gespräch über unser Geschäft zu gebrauchen, weil alles, was wir tun, im Team entsteht.

Aber in jeder Organisation muß es eine führende Kraft geben. Sie muß die Firma erfolgreich machen. Sie muß Arbeitsplätze zur Verfügung stellen, dafür sorgen, daß die Firma Gewinne macht, und einen Ort schaffen, an dem die Leute mit Stolz arbeiten. Wenn der Leiter diese Dinge nicht schafft, wird ihm niemand folgen. Wenn man es genau betrachtet, erwächst die Autorität eines Führers aus den Geführten. Wie Peter Drucker sagt: „Führung ist Leistung."

Wenn Sie der Chef sind, können Sie nichts vortäuschen. Entweder glauben Sie an die Ziele, die Sie gesetzt haben oder Sie tun es nicht. Und wenn Sie es nicht tun, wird man Ihnen auf die Schliche kommen. Erstens bedarf es zu großer Anstrengung, um etwas vorzutäuschen. Zweitens werden die Führungskräfte von ihren Angestellten zu genau beobachtet, um etwas vortäuschen zu können.

Wenn die Mitarbeiter erst einmal bemerken, daß Sie sich um die von Ihnen selbst gesetzten Ziele nicht kümmern, ist alles vorbei. Zum Beispiel, wenn der Chef behauptet, daß man die Kunden immer ehrlich behandeln soll, und er beobachtet wird, wie er gerade jemanden übers Ohr haut. Ihre Mitarbeiter werden sich nicht mehr darum kümmern, weil Sie es auch nicht tun.

Auch wenn Menschen wissen, was sie eigentlich tun sollten, vergessen sie es manchmal. Darum wird jeden Sonntag Messe gehalten.

Daher müssen Sie – durch Worte und Taten – fortwährend Ihre Mitarbeiter an Ihre Werte erinnern.

Wenn das einmal passiert, können alle Fähnchen und Werbemaßnahmen dieser Welt nichts mehr verändern. Sie werden Ihr Ziel nie erreichen.

Lassen Sie mich dazu eine kurze Geschichte erzählen. Ich war auswärts unterwegs, als unsere Lexus-Niederlassung eröffnet wurde, und wir wurden vom Sonnenauf- bis Sonnenuntergang belagert. Als ich am Abend zurückkam, fuhr ich vorbei und sah, daß die Zimmerleute, die am Eröffnungstag noch immer am Gebäude gearbeitet hatten, Becher und leere Behälter draußen zurückgelassen hatten.

Ich fing also an, den ganzen Mist einzusammeln, und es dauerte nicht lange, bis sich einige Verkäufer dazugesellten. Ich mußte sie nicht einmal um Hilfe bitten.

Während wir zusammenräumten, sagte einer: „Wissen Sie, eigentlich sollte das die Vertragsfirma tun."

Ich aber antwortete: „Aber sie haben es nicht gemacht, und das ist unser Haus, also sind wir dafür verantwortlich."

Ich glaube, daß die Botschaft ankam. Trotzdem müssen die Leute, die mit Ihnen arbeiten, immer wieder solche Aussagen von Ihnen hören. Sie müssen Sie dabei sehen, wie Sie selbst am Parkplatz Papier aufheben oder wie Sie einem Kunden helfen, etwas aus dem Auto zu holen. Das ist ein Weg, um die Werte Ihrer Firma festzulegen und sie zu verstärken. Daher listen wir auch in unserer Firmenzeitschrift die Angestellten auf, die sich besondere Mühe für einen Kunden gegeben haben. Das ist auch der Grund, weshalb wir soviel über unsere besten Angestellten sprechen. Unsere Werte und Grundsätze immer wieder zu wiederholen ist mit dem sonntäglichen Gottesdienst vergleichbar. Sie können nicht alle Lehren der Bibel beim ersten Durchlesen verstehen.

Aber wenn Sie auch wissen, was Sie eigentlich tun sollten, werden Sie es doch manchmal vergessen. Darum gehen wir in die Kirche – um daran erinnert zu werden. Und darum wiederholen auch wir immer wieder das, woran wir glauben – und feiern jedesmal, wenn wir eines unserer Ziele erreicht haben: um uns zu erinnern.

Nun, es ist eine interessante Frage, wie viele Ziele man sich setzen sollte. Es gibt eine ganze Reihe von Leuten, die sagen, daß eines genug sei. Wenn Sie nur ein Ziel haben, kann sich jeder darauf konzentrieren. Niemand braucht sich um etwas anderes zu kümmern, und es wird einfacher sein, das Ziel zu erreichen.

Das klingt zwar schön, ist aber nicht richtig. Man könnte sagen, daß es unser Ziel ist, eine Arbeit schon beim ersten Mal richtig zu erledigen.

Gleichzeitig wollen wir aber, daß unsere Angestellten zu unseren Kunden nett und höflich sind. Wir wollen, daß unsere Anlagen makellos sind. Darüber hinaus erwarten wir, daß Sie Ihre Kollegen anständig behandeln. Und, wir wollen Gewinn machen. Jedes dieser fünf Dinge könnte das Ziel sein. Aber sie sind alle wichtig. Sich nur auf eines zu konzentrieren würde einfach nicht ausreichen.

Wenn Sie aber immer mehr und mehr Ziele hinzufügen, werden Sie bald den Punkt erreichen, wo Sie den Leuten zuviel zum Nachdenken gegeben haben. Irgendwann – möglicherweise bei sechs oder sieben Zielen – sind Sie über das menschliche Fassungsvermögen hinausgegangen. Es fällt schwer, mehr als ein halbes Dutzend Dinge zu behalten.

Egal, ob Sie sich nur ein Ziel oder sechs setzen, es gibt nur einen Weg, diese zu erreichen. Sie müssen ständig über das, was Sie erreichen wollen, sprechen und Erfolge, die Sie bereits erzielt haben, aufzeigen.

Wir haben dazu gerade ein gutes Beispiel in Dallas. Wir verkaufen eine Menge Autos, während die anderen Händler das nicht tun. Außerdem führen wir auch eine Menge Service-, Teile- und Karosseriearbeiten durch, während unsere Konkurrenten eine Menge Leerlauf haben.

Ich versuche dies immer und immer wieder aufzuzeigen. Ich mache das nicht, indem ich mich vor die ganze Mannschaft hinstelle, ich bevorzuge es, einzeln mit den Leuten zu sprechen. Es ist erfolgreicher, mit den Leuten direkt zu sprechen. Sie wissen dann, daß man ihnen seine volle Aufmerksamkeit schenkt. Ich verbringe einige Zeit mit einem Verkäufer, Mechaniker oder Manager und hebe hervor, wie sie Geld verdienen, während viele andere Händlerbetriebe im ganzen Land in Schwierigkeiten sind oder sich aus dem Geschäft zurückziehen.

Später, wenn sie mit ihren Kollegen zu Mittag essen, kommt dann das Gespräch darauf, daß sie Arbeit haben, ihre Freunde bei anderen Betrieben aber nicht. Und einer wird sagen: „Weißt du, Sewell sagt immer, daß uns dieser Kundenkram so erfolgreich macht, vielleicht hat er recht. Diejenigen, die diese Probleme haben, behandeln die Kunden nicht so gut."

Es ist sehr nützlich, wenn man Angestellte hat, die die Botschaft weiterverbreiten.

Ich habe schon Mechaniker gesehen, die zu einem neuen Kollegen hingegangen sind und ihm klargemacht haben, wie wir Geschäfte machen. Einer verrechnet vielleicht zwei Stunden Arbeit für etwas, das ihn nur eine halbe Stunde gekostet hat, und ein oder zwei Leute werden zu ihm gehen und sagen: „Wir machen das hier nicht." Wenn sie es ihm noch mal sagen müssen, werden sie etwas energischer sein. Sie werden Dinge sagen, wie: „Betrüge unsere Kunden nicht." Manchmal haben die Mechaniker schon Leute, die Kunden schlecht behandelt haben, vergrault. Sie haben ihnen das Leben so schwergemacht, daß sie gekündigt haben. Zuerst haben die Mitarbeiter Einwände gegen unser Leitbild, weil sie glauben, daß sie deshalb härter arbeiten müssen. Aber auf lange Sicht ist es leichter. Niemand wird sich darüber aufregen, daß sie etwas falsch machen, denn sie werden alles richtig machen.

Das Leben ist friedvoll. Der Kunde ist zufrieden, und der Betrieb läuft gut.

CHECKLISTE

- **Entscheiden Sie sich dafür, der Beste zu sein. Setzen Sie Ihr Ziel so hoch wie möglich. Wenn man mehr erwartet, wird man mehr bekommen.**
- **Der Chef muß ein Vorbild sein. Die verantwortliche Person darf nicht nur predigen. Man muß seinen Mitarbeitern ein Vorbild sein, um sie zu führen. Führung ist Leistung. Wenn Sie wollen, daß Ihre Anlagen makellos sauber sind, und Sie nicht selbst die auf dem Parkplatz herumliegenden Papiere aufheben, wenn Sie welche sehen, erwarten Sie es nicht von den anderen.**
- **Feiern Sie Ihre Erfolge. Alles, was für Sie wichtig ist, wird dadurch verstärkt. Sprechen Sie permanent über Ihre Ziele und Werte. Nennen Sie regelmäßig die Namen der Leute, die die Standards übertreffen. Die Nachricht wird sich verbreiten.**

Sieben

Jeder Eindruck ist wichtig

Kapitel 22

Verkaufen muß Theater sein

Ich liebe Disney World.

Es ist einfach makellos. Die Anlage ist wunderschön gestaltet, und man hat über jedes Detail nachgedacht (zum Beispiel werden die Sträucher so beschnitten, daß sie zum Schluß wie Mickey Mouse oder Dumbo oder wie andere Figuren aussehen).

Disney World ist das Bild, das wir immer vor Augen haben, wenn wir darüber nachdenken, wie unsere Geschäftslokale ausschauen sollten. Wir sorgen dafür, daß der Rasen immer gemäht ist. Ich habe selbst alle Bäume und Sträucher ausgesucht. Und außerdem achten wir darauf, daß die Gebäude immer frisch gestrichen sind. Wir bemühen uns, daß unsere Anlage, sowohl innen als auch außen, immer makellos ist. Wir haben sogar eine Straßenkehrmaschine gekauft, um die Straßen vor unseren Niederlassungen reinigen zu können.

Wir wollen, daß unsere Betriebe aussehen wie Disney World.

Warum widmen wir unseren Standorten all diese Aufmerksamkeit? Weil wir dem Produkt, das wir verkaufen, einen Charakter verleihen wollen, und wir möchten es den Leuten, die hier arbeiten, so angenehm wie möglich machen.

Wie wir unseren Laden dekorieren und präsentieren – und ein Automobilhandel ist ja zu guter Letzt nur ein Einzelhandelsgeschäft –, sagt eine ganze Menge darüber aus, was wir über unsere Kunden und Angestellten denken.

Damit wird auch unseren Kunden direkt mitgeteilt, welche Wertvorstellungen wir haben; und es ist in Einklang mit der Art von Kunden, die wir anziehen wollen. Wir glauben, daß es eine große Anzahl von Leuten gibt, die Geschäfte mit jemandem machen wollen, der Blumen, Bäume und die Landschaft schätzt.

Kurz gesagt: Wir unternehmen all diese Anstrengungen aufgrund der Botschaft, die dadurch ausgesendet wird. Sie lautet: „Dieser Ort ist anders." Es ist nicht der Typ von Autohandel, wo sie die Leute nicht ernst nehmen und wo man keine Manieren findet. Die Botschaft, die wir aussenden wollen, ist, daß wir nette Leute sind und daß es nett ist, mit uns ins Geschäft zu kommen. Und diese Botschaft wird in unserer gesamten Angebotspalette durchgehalten. Wir haben fünf Automobilhandlungen. Eine verkauft Hyundai, das billigste Auto am Markt. Andere bieten Cadillac und Lexus an. Alle aber arbeiten mit der gleichen Liebe für das Detail, obwohl die Details natürlich entsprechend dem Angebot verschieden sind.

Für Cadillac, zum Beispiel, versuchen wir Kultiviertheit, Luxus und Komfort zu vermitteln. Wir verkaufen Cadillac, wir verkaufen das Beste.

Was Sie auch tun – sei es der Kundendienst, den Sie anbieten, oder die Art, wie Sie Ihre Büros ausstatten – es muß einen „Aha-Effekt" hervorrufen, also etwas, das die Aufmerksamkeit der Leute erregt und sie bemerken läßt, daß Sie die Details im Schweiße Ihres Angesichts entwickelt haben.

Unsere Einrichtung wurde von der Innenarchitektin Tricia Wilson ausgewählt. Sie hat auch einige der schönsten Hotels der Welt wie das St. Andrew's in Schottland, drei im französischen Disney World und das Broadmoor in Colorado Springs ausgestattet.

Für uns hat sie zunächst drei riesige Williamsburg-Kronleuchter angebracht, dann hat sie sie mit wunderschöner Eichenvertäfelung ergänzt. Die gesamten Möbel sind aus Mahagoni, und für alle Sessel wurde Leder verwendet. Dies ist nicht nur komfortabler, sondern auf Dauer auch billiger, da Leder viel länger hält als Stoff.

Dies klingt jetzt ziemlich einfach, aber beim ersten Mal haben wir es falsch gemacht. Wir statteten unseren ersten Schauraum selbst aus, und die Kunden haben uns gesagt, daß der Schauraum dementsprechend aussieht. (Genauer gesagt konnten sie unsere braunen Vinyl-Möbel und Chromtische nicht ausstehen.) Der Unterschied durch die professionelle Gestaltung war auffallend, und im Endeffekt hat das Ganze nicht mehr gekostet. Schon allein durch die Tatsache, daß ich mir eine Menge Zeit erspart habe und die Anschaffungen wesentlich länger halten.

Heute haben wir auf dem Tisch in der Mitte unseres Schauraumes eine riesige Vase mit frischen Blumen. Diese Idee verdanke ich meiner Frau. Als Peggy und ich eines Abends im „Le Grenouille" in New York speisten, fiel es ihr auf, daß das Restaurant überall frische Blumen stehen hatte. Sie sagte, daß dies dem Ort ein Gefühl von Eleganz und Wärme gebe. Peggy meinte, wenn wir Blumen in unseren Schauräumen verwenden würden, könnte dies vielleicht die gleiche Wirkung haben. Sie hatte völlig recht, und seither verwenden wir Blumen.

In den Teppich ist das Cadillac-Signum in einer netten, nicht zu auffälligen Art eingewoben. Die Farben, die überall verwendet wurden, sind beruhigend: leichte Blautöne und Elfenbein. Wir haben keine Schilder in der Auslage, die laut herausschreien: Ausverkauf!

Einige Leute behaupten, daß wir durch diese Art der Dekoration eine Gelegenheit verpassen. Wir sagen den Leuten nicht mit riesigen Fahnen, daß wir in dieser Woche eine 2,9-%-Finanzierung anbieten oder daß wir ein Auto besonders günstig verkaufen. Aber schließlich haben wir kluge Verkäufer, die diese Dinge dem Kunden gegenüber erwähnen.

Ganz abgesehen davon glaube ich, daß sich die meisten Menschen von einem warmen, gemütlichen Verkaufslokal angesprochen fühlen. Und noch einmal: Der Kunde, mit dem wir ins Geschäft kommen möchten, will sich wie zu Hause fühlen. Man sieht das schon bei den Hotels und Restaurants, die sie auswählen. Im „Bel-Air“ oder im „Mansion“ in Turtle Creek haben sie die Wochenendsonderangebote auch nicht in jedem Fenster plakatiert, und wenn man ins „21“ zum Mittagessen geht, gibt es auch keine Tafel, auf der die Sonderangebote des Tages geschrieben stehen. Diese Plätze besitzen Stil und wir auch.

Überraschenderweise haben wir bei Hyundai den gleichen Stil verwendet – obwohl Hyundai nur ein Viertel eines Cadillacs oder Lexus kostet –, und die Kunden mögen es anscheinend. Es gibt aber natürlich einige Unterschiede. Da ja Hyundai eher eine jüngere Käufergruppe anspricht, haben wir keine Kronleuchter. Dort gibt es eine modernere Ausstattung mit einem warmen High-Tech Ambiente. Die Ausstattung und der Stil entsprechen dem, was wir verkaufen.

Aber die Niederlassung ist dort trotzdem makellos: schönes, grünes Gras auf der Vorderseite, viele Blumen, und es gibt keine Fahnen, die überall herumhängen. Dieses Äußere macht sich auch hier bezahlt. Verkäufe und Einnahmen liegen weit über den Erwartungen.

Bei Hyundai und in allen anderen Geschäften unternehmen wir alles, um das Gefühl des Kaufzwangs auszuschalten. Es steht immer frischer Kaffee bereit, damit wir Ihnen eine Tasse anbieten können, und wir haben sogar ein ortsansässiges Restaurant gefragt, ob es bei uns eine Filiale aufmachen möchte.

Auf diese Art bekommt der Kunde etwas zu essen, während er auf sein Auto wartet, und unsere Angestellten müssen ihre Mahlzeit nicht aus Automaten holen. Unsere Angestellten haben wie unsere Kunden die Möglichkeit, gutes und gesundes Essen zu genießen.

Unser Anspruch, den richtigen Stil zu setzen, überzieht die ganze Firma bis hin zur Werkstatt. Sie ist makellos. Die Böden werden jeden Abend geschrubbt, und die Schleifmaschine in der Spenglerei hat eine Vorrichtung, die den Staub sofort absaugt.

Wenn wir ein helles, sauberes Geschäftslokal haben, wird der Kunde sagen: „Hm, dieser Ort ist etwas Besonderes. Diese Leute kümmern sich ein bißchen mehr um alles, und möglicherweise kümmern sie sich auch um mein Auto ein bißchen besser."

Wir sollten Geschäfte auf diese Art machen. Wenn Sie einen Cadillac oder Lexus, Ihr Traumauto, kaufen, möchten Sie ja, daß das ein besonderes Erlebnis für Sie wird. Für einige Leute ist der Kauf eines neuen Luxuswagens wie der Erwerb eines Laib Brotes. Aber davon gibt es nicht viele. Für die meisten Leute ist die Investition von 30 000 bis 40 000 Dollar ein Großereignis. Wie oft geben Kunden diese Summe aus? Obwohl wir 25 Neuwagen pro Tag verkaufen, müssen wir bedenken, daß es für unsere Kunden trotzdem ein wichtiges Ereignis ist, in einem davon nach Hause zu fahren.

Einkaufen muß wie Theater sein. Wir wollen, daß die Kunden unser Produkt in einer Umgebung erleben, die sie „oh" sagen läßt. Die Möbel, das Inventar, die Lampen – jedes Detail – sollte dazu beitragen, ihren Besuch in unserem Geschäft dramatisch, unterhaltsam, lustig zu gestalten.

Jedes Detail bedeutet tatsächlich jedes Detail – auch die Orte, die ein Kunde normalerweise nicht sieht. Als Lexus beispielsweise seine Händlerbetriebe gestaltet hat, haben sie ein Glasfenster vorgesehen, so daß die Kunden in den Werkstattbereich schauen können. Menschen mögen es, anderen Leuten bei der Arbeit zuzusehen. In jedem von uns schlummert ein kleiner Aufseher. Zusätzlich symbolisiert das Fenster, daß wir auf unsere Anlagen und die Arbeit, die wir machen, stolz sind. Wir wollen, daß die Leute sehen, was wir machen.

Bei einigen der besten Restaurants in unserem Lande ist das auch so. Es ist nicht mehr ungewöhnlich, in die Küche sehen zu können, und im „Le Bernadin" in New York haben sie einen speziellen Tisch mit Blick in die Küche.

Dies alles hat das Ambiente eines Theaters.

Wenn also Verkaufen Theater ist, dann ist unser Verkaufsraum die Bühne. Wir benutzen ihn, um den Stil festzulegen. Wir wollen, daß die Leute hereinkommen und „oh" sagen.

Also „oh" und nicht „oh weh". Wir wollen nicht, daß der Kunde jedesmal, wenn er sich umdreht, an einem Auto anstößt. Wir unternehmen größte Anstrengungen, um sicherzugehen, daß unser Verkaufsraum nicht überfüllt ist.

Das möglicherweise älteste Sprichwort im Einzelhandel lautet: „Du kannst nichts aus leeren Regalen verkaufen", das bedeutet, daß man immer genügend Ware auf Lager haben sollte. Und ich glaube, das stimmt. Aber nur, weil wir genügend Ware auf Lager haben, heißt das nicht, daß alles im Schauraum ausgestellt sein müßte. Wir sollten eine ansprechende Warenauswahl haben, ohne daß es überfüllt, unorganisiert oder unordentlich wirkt. Der Schauraum sollte warm und einladend wirken.

Um zu erreichen, daß dem so ist, stellen wir uns von zu Zeit zu Zeit nach draußen und schauen uns den Schauraum aus der Sicht des Kunden an. Wir wollen wissen, ob das nach einem Ort aussieht, an dem wir uns wohl fühlen würden. Wirkt er einladend? Zeugt er von gutem Geschmack? Muß der Teppich ausgetauscht werden? Gibt es irgend etwas, das aus der Mode gekommen ist?

Auf der anderen Seite fragen wir uns aber auch, ob es etwas im Schauraum gibt, das die Leute veranlaßt zu denken: „Das gefällt mir."

Das ist die Reaktion, die wir uns wünschen. Wir wollen die Aufmerksamkeit des Kunden und wollen, daß er sagt: „Diesen Leuten sind Details und das Aussehen ihrer Geschäfte wichtig." In unserem Fall sind es die Blumen, die Holzausstattung und die Kronleuchter, die ihre Blicke als erstes auf sich ziehen.

Können wir dieses Ansinnen auch übertreiben? Sicherlich. Wir dürfen nicht großspurig werden. Wir müssen danach streben, daß der persönliche Kontakt herzlich und freundlich ist. Wenn dies nicht der Fall ist, werden sich die Kunden nicht wohl fühlen. Es gibt Leute, die in den Schauraum kommen, sich umsehen und dabei ein bißchen unruhig wirken. Aber wenn sie dann jemand begrüßt, ihnen die Hand gibt und sich für den Besuch bedankt und dann danach fragt, was man für sie tun könne, fühlen sich die Kunden willkommen und werden es eher genießen, mit uns ein Geschäft abzuschließen.

Es ist wichtig, darauf hinzuweisen – zumindest kurz –, daß Sie den Stil Ihres Geschäftes selbst bestimmen können, und zwar auf viele verschiedene Arten. Disney, zum Beispiel, benutzt den „Spaß". Sie kauften einen bestehenden Rummelplatz und verwandelten ihn in ein Theater, ein teures Theater. Sie verlangen einen Haufen Geld für die Eintrittskarte zu einem Rummelplatz.

Man sollte immer bedenken, daß der Stil mit dem Produkt übereinstimmen muß.

CHECKLISTE

* **Entsprechen Sie auch optisch Ihrer Rolle. Spielen Sie Ihre Rolle. Das Aussehen Ihres Geschäfts spiegelt Ihre Werte und Ihr Produkt wider. Wenn Sie ein Luxusprodukt verkaufen, sollte Ihr Geschäft auch luxuriös ausschauen. Das heißt nicht, daß es einschüchternd wirken soll, nur geschmackvoll. Es muß Stil haben. Ihre Kunden werden es mögen, und Ihren Angestellten wird stillschweigend mitgeteilt, wie sie sich verhalten sollen. (Außerdem wird der Chef immer daran erinnert, wie er seine Angestellten behandeln soll.)**

* **Wenn Sie kein Designer sind, engagieren Sie einen. Suchen Sie erfahrene Leute. Das wird Ihnen Zeit und Geld sparen.**

* **Willkommen in meinem Haus. Der einfachste Weg, den richtigen Stil zu finden, ist, Ihr Geschäft als Ihr eigenes Heim anzusehen. Sie laden Freunde und Nachbarn ein und wollen, daß sie sich wohl fühlen.**

* **Für die Show muß bezahlt werden. Die Dekoration und Details sind wichtig, um Theatergefühl zu erzeugen – aber die Ware bleibt der Star. Alles in allem: Kein Gewinn – kein Geschäft.**

Kapitel 23

Ihre Mutter hatte recht: Manieren sind wirklich wichtig

Wir sind höflich. Wir versuchen die Leute – Kunden und Angestellte – genauso wie unsere Kinder, Eltern, Ehepartner oder Freunde zu behandeln. Es bringt einen Haufen Vorteile, die Goldene Regel zu befolgen. Einerseits ist es viel einfacher, essen zu gehen. Keiner taucht auf und beschwert sich. Statt dessen sagen sie: „Donnerwetter, Ihre Angestellten waren schrecklich nett zu uns, und wir haben es richtig genossen, mit Ihnen ein Geschäft abzuschließen."

So ist es auch lustiger, zur Arbeit zu gehen. Es gibt weniger Konflikte, weil unsere Kunden uns mögen. Es ist, als ob wir mit unseren Freunden Geschäfte abschließen und nicht mit unseren Feinden.

Außerdem bringt es mehr Gewinn. Auf lange Sicht führt die Schaffung einer angenehmen Geschäftsatmosphäre zu höheren Verkäufen und niedrigeren Kosten (siehe auch: „Diese Arbeitsweise funktioniert wirklich" – Kapitel 36).

Wenn Sie wollen, daß Ihre Angestellten höflich zu Ihren Kunden sind, müssen auch Sie zu Ihren Angestellten höflich sein.

Eine Reihe kleiner Dinge hilft, eine angenehme Atmosphäre zu schaffen. Wenn zum Beispiel ein Kunde sein Auto abholen möchte, wird jemand sein Auto bringen, die Tür öffnen und sagen: „Danke für Ihren Auftrag. Wir freuen uns, daß Sie zu uns gekommen sind."

Wenn der Kunde dann seine Rechnung bezahlt, wird ihm der Kassierer ein kleines Stück Schokolade überreichen, um sich zu bedanken. (Die Süßigkeit ruft ein angenehmes Gefühl hervor, genauso wie es in einem feinen Hotel ist, dort findet man auch Schokolade auf dem Kopfkissen.)

Wenn wir wollen, daß unsere Kunden höflich behandelt werden, dann müssen wir auch die Leute, die mit uns arbeiten, höflich und respektvoll behandeln. Zum Beispiel schreien wir unsere Kunden nicht an, und deswegen schreien wir unsere Angestellten auch nicht an.

Die Angestellten respektvoll zu behandeln heißt nicht, weich zu sein. Man kann streng sein, ohne unhöflich zu sein. Wir müssen die Leute nicht beschimpfen, um sie dazu zu bringen, etwas zu tun. Wir bitten sie höflich. Wenn das nicht ausreicht, um sie dazu zu bringen, ihre Arbeit zu tun,werden wir jemand anderen finden. Nachdem das einige Male passiert ist, wird jeder die Botschaft verstanden haben.

Wenn wir erfolgreich sein wollen, müssen wir jeden behandeln, wie auch wir behandelt werden wollen. Wir müssen, weil unsere Cadillacs und Lexus in keinster Weise anders sind als die der anderen Händler. Die einzige Art, etwas zum Kaufsprozeß beizutragen, besteht darin, den Ärger auszuschalten (machen Sie es schon beim ersten Mal richtig; kostenlose Leihwagen) und das Leben des Kunden so angenehm wie möglich zu gestalten (Samstagsservice; Schokolade). Wenn wir das Leben des Kunden einfacher gestalten, werden wir belohnt.

Einige unserer meistgeschätzten Kunden haben uns verlassen, um einen Jaguar, Mercedes oder BMW zu kaufen, und sie haben den Kundenservice, den diese Händler bieten, kennengelernt. Wenn sie dies einmal gemacht haben, kommen sie normalerweise wieder zu uns zurück.

Ich erinnere mich gerne an folgendes: Ich sah den Geschäftsführer einer großen Firma in Dallas vor dem Mercedes-Händler stehen. Er wartete auf ein Taxi, das ihn in die Arbeit bringen sollte. Er mußte also ein Taxi rufen, weil ihn niemand von Mercedes hinbringen konnte. Ich fuhr gerade diese Straße entlang und sah ihn dort stehen, ich hielt an und brachte ihn zu seinem Büro. Der Mann schüttelte den Kopf und sagte: „Ich weiß nicht, warum ich Sie verlassen habe." Zwei Jahre später tauschte er seinen Mercedes gegen einen Cadillac bei uns ein. Er fand den Mercedes zwar toll, aber er war den Ärger beim Kundendienst nicht wert.

Da es ja nichts kostet, nett und höflich zu sein, wundert man sich, daß nicht jeder auf diese Weise Geschäfte betreibt. Um ehrlich zu sein, ich wundere mich auch. Ich pflegte den Leuten zu sagen, daß die Antwort auf der Hand liegt: Sie sind von ihren Müttern nicht richtig erzogen worden. Aber inzwischen glaube ich, daß mehr dahintersteckt. Menschen sind das Produkt Ihrer Abstammung und der vorhandenen Werte, die an ihrem Arbeitsplatz vorherrschen.

Das letztere ist besonders wichtig. Die Umgebung, die der Chef gestaltet, sagt eine Menge aus über die Art, wie er über sich selbst und über seine Angestellten denkt.

Man sieht kaum einen Manager, der seine Kunden auf die eine Art und seine Angestellten auf eine andere Art behandelt. Für Angestellte ist es schrecklich schwer, die Kunden gut zu behandeln, wenn sie vom Chef schlecht behandelt werden.

CHECKLISTE

- **Ihre Mutter hatte recht. Sie brachte Ihnen gute Manieren bei – gebrauchen Sie sie. Gute Manieren tun niemandem weh.**
- **Nett ist besser. Die meisten Leute glauben, daß nett mit schwach gleichzusetzen sei. Aber so ist es nicht. Es ist wirkungsvoller und läßt sich jeden besser fühlen.**
- **Unternehmen Sie die Extra-Anstrengung. Machen Sie diese kleinen Dinge. Halten Sie den Leuten die Tür auf und bringen Sie ihnen die Einkäufe bis zum Auto. Kunden schätzen das. Denken Sie daran, wie sehr Sie es schätzen, wenn man das für Sie tut.**

Kapitel 24

„Wenn die sich schon so um ihre Toiletten kümmern, wie werden sie sich erst um mich kümmern?

Saubere Toiletten sind entscheidend.

Zu diesem Schluß kam ich wahrscheinlich schon als Kind. Während der Sommerferien fuhren wir jedes Jahr durch den Westen, und ich erinnere mich noch immer daran, wie wir uns dafür entschieden, an welcher Tankstelle wir anhalten sollten. Wir schauten von außen, ob die Tankstelle einen sauberen Eindruck machte. Wenn dem so war, war es ziemlich wahrscheinlich, daß auch die Toiletten sauber waren.

Aber manchmal eben nicht. Es passierte einige Male, daß wir anhielten und mein Vater, meine Mutter oder Schwester hineinspazierten und äußerst ungepflegte Toiletten vorfanden. Dann drehten wir um und verließen den Ort, ohne auch nur den Wagen fertig auftanken zu lassen. Wir sagten dann: „Entschuldigen Sie, wir werden später zurückkommen, wir müssen dringend etwas erledigen." Danach fuhren wir ab. Unsere Eindrücke über die Qualität der Tankstelle wurden durch die Toilettenanlagen festgelegt.

Ich glaube, daß man die gleiche Anschauung auf viele andere Bereiche übertragen kann wie – zum Beispiel auf Autohändler.

Die Kunden beurteilen uns anhand sehr vieler Dinge. Makellos saubere und geschmackvoll eingerichtete Toilettenräume unterstreichen, daß wir um sie bemüht sind, und dies ist wieder einmal eine Möglichkeit, uns von unseren Konkurrenten abzuheben.

Nun, es wird niemanden geben, der sagt: „Wissen Sie, ich habe mein Auto bei Ihnen gekauft, weil Ihre Toilettenanlagen so sauber sind." Aber eine Reihe von Frauen hat mir mitgeteilt: „Ihre Damentoiletten sind schön." Und eine Reihe von Kunden hörte ich sagen: „Hast du gesehen, wie sauber die Toiletten hier sind?" Das ist in der heutigen Zeit besonders wichtig, wo doch Sauberkeit ein sehr wichtiges Thema geworden ist.

Was diese Leute meinen, wenn sie etwas über unsere Toiletten sagen, ist, daß wir sie beeindruckt haben. Vielleicht nur eine Kleinigkeit, aber wenn sich Kunden eine Meinung bilden, addieren sich diese Kleinigkeiten. Daher sind uns unsere Toiletten wichtig. Wir verwenden Tapeten, die 250 Dollar pro Rolle kosten. Also solche, die in einem schönen Haus oder Hotel verwendet werden. Wir hängen gerahmte Drucke an die Wände (Sportkunst für Männer; botanische Zeichnungen für Frauen). Unsere Bodenfliesen haben einen speziellen Hochglanz, der unterstreicht, daß sie sauber sind.

Niemand hat jemals ein Auto von uns gekauft, nur weil unsere Toiletten sauber sind. Aber es verhält sich genauso, wie wenn man Kaffeeflecken auf den Klapptischen im Flugzeug findet. Wenn die sich so um die Sauberkeit in ihrem Flugzeug kümmern, wie steht es dann um die Wartung ihrer Motoren? Warum wollen Sie also jemandem einen Grund geben – wenn auch nur einen unbewußten Grund –, Ihr Geschäft in Frage zu stellen?

Fliesen sind in Kategorien von 1 bis 4 eingeteilt, 4 hat den höchsten Glanz. Wir gebrauchen nur Fliesen der Kategorie 4. Es glänzt. Was ich im Laufe der Zeit gelernt habe, ist, daß die Wachskosten entschieden höher sind als die Kosten für neue Fliesen. Wir waschen die Fliesen daher stündlich, wachsen sie aber nie. Statt dessen ersetzen wir sie alle vier Jahre, und es kommt trotzdem viel billiger.

Außerdem legen wir Wert darauf, daß die Toiletten unserer Angestellten genauso schön sind. Wir haben dies aus schlechter Erfahrung gelernt. Wir hatten einen Umkleideraum für unsere Mechaniker, der ziemlich schäbig war. Und folgendes werde ich niemals vergessen: Wir waren bei einem Essen für unsere Mechaniker, und einer von ihnen, Sam McFarland, kam auf mich zu und sagte: „Carl, Sie kümmern sich vielleicht um Ihre Kunden, aber manchmal vergessen Sie Ihre Angestellten. Haben Sie sich unsere Sanitäranlagen angesehen? Glauben Sie etwa, wir leben so zu Hause?“ Das war demütigend. Eine Woche später hatten wir eine Tischlerfirma engagiert, und wir rissen alles heraus und ließen es neu machen.

CHECKLISTE

- Es muß makellos sein. Sowohl die Herren- als auch die Damentoiletten sollten stündlich gereinigt werden.
- Machen Sie Eindruck. Es sollte zumindest eine Sache in Ihren Toiletten geben – sei es der Hochglanz am Boden oder die gerahmten Bilder an der Wand –, welche die Aufmerksamkeit Ihrer Kunden auf die Tatsache lenkt, daß Sie sich um Details kümmern.
- Ist der wirkliche Grund für „Chef-Toiletten" ... daß die Chefs sich nicht trauen, in die anderen zu gehen?

Kapitel 25

Wann haben Sie das letzte Mal (falls überhaupt) an Ihre Beschilderung gedacht?

Schilder sind eine Art von Kundenservice – etwas, über das meistens gar nicht nachgedacht wird.

Aber man sollte es tun.

Hinweisschilder stellen schließlich ein System dar, das den Leuten erklärt, wie sie sich in Ihrem Geschäft, Büro oder in Ihrer Firma zurechtfinden.

Es gibt nur drei Gründe für Schilder: um den Namen Ihres Geschäfts darzustellen, um Ihr Produkt zu beschreiben oder als Wegweiser.

Falls ein Schild nicht eine dieser drei Funktionen erfüllt, sollte es abgenommen werden. Ansonsten wird es optischen Wirrwarr geben, der es schwierig machen wird, Ihre Schilder zu lesen. Dadurch wird natürlich der ganze Sinn und Zweck einer Beschilderung zunichte gemacht.

Schilder sollten hilfreich sein. Die meisten Leute möchten lieber ein Schild lesen, das den Weg zu den Toiletten anzeigt, als jemanden nach dem Weg zu fragen. Aber wenn dieses Schild nicht existiert oder wenn es hinter sechs anderen versteckt ist, hilft es niemandem.

Überlegt angebrachte Hinweisschilder zeigen jedermann, wo Ihre Werte liegen und in welcher Art von Geschäft Sie tätig sind. Also machen Sie es richtig.

Unsere Schilder wurden von Kris Rodamer gemacht, er hat auch schon die Beschilderung des Dallas-Fort Worth Airport durchgeführt. Alles ist in Kleinbuchstaben gedruckt, weil uns Kris erklärt hatte, daß diese besser lesbar seien. Außerdem brachte er uns bei, daß die Schilder über den Türeingängen angebracht sein müssen, so daß die Leute wissen, was sich auf der anderen Seite befindet.

Die Beschriftung auf den Richtungswegweisern im Freien ist in der gleichen Schriftart ausgeführt. So sieht es besser aus – professioneller.

Dies ist nur eine Kleinigkeit, aber es zeigt, daß wir auf Details Wert legen. Ich bezweifle, daß für Gott Details wichtig sind, für Kunden aber sind sie es.

Wie ich schon vorher erwähnte, Sie werden in unserem Händlerbetrieb keine der riesigen Schilder sehen, die die Sonderangebote dieser Woche oder einige wundervolle Finanzierungslösungen anpreisen. Solche Plakate verstoßen gegen unsere sonstigen Prinzipien. Wir versuchen eine Atmosphäre zu schaffen, in der die Menschen sich wie zu Hause fühlen, und die meisten Leute haben keine Reklamefahnen in ihrem Haus. Natürlich müssen wir sie über unsere Angebote informieren, aber wir brauchen diese nicht in der Auslage auszustellen. Natürlich gibt es die bereits erwähnte Ausnahme. Man braucht dezente Hinweise, um anzuzeigen, wo die Toiletten und Notausgänge sind. Mit der Ausnahme von dezenten Hinweisschildern zu den Toiletten und den Notausgängen kann ich mir keinen Grund vorstellen, warum man überhaupt Schilder im Büro haben möchte.

Schilder sagen einiges über Ihre Organisation, Ihre Art zu denken, Ihren Geschmack und Ihre Lebenseinstellung aus und beschreiben gleichzeitig, welche Art von Mensch Sie sind und welchen Betrieb Sie haben. Bunte Schilder in den verschiedensten Schriftzügen an allen Ecken und Enden vermitteln dem Kunden den Eindruck, in einem Zoo oder Zirkus zu sein und nicht in einem gut funktionierenden Betrieb.

CHECKLISTE

- **Ist dieses Schild wirklich notwendig? Gehen Sie im Geschäft herum und schauen Sie jedes Schild an. Sie finden möglicherweise heraus, daß man eine ganze Menge davon gar nicht braucht. Vielleicht finden Sie sogar welche, die schon Antiquitäten sind. Nehmen Sie sie ab und verkaufen Sie sie.**
- **Übereinstimmung zeugt von Klasse. Vergewissern Sie sich, daß alle Schilder die gleiche Größe und die gleiche Schriftart aufweisen. Das ist nur eine Kleinigkeit, aber es zeigt den Kunden, daß Sie den Details Ihre Aufmerksamkeit schenken.**
- **GEBRAUCHEN SIE NICHT NUR GROSSBUCHSTABEN, Kleinbuchstaben sind viel einfacher zu lesen, ganz egal, wo man sie einsetzt (probieren Sie es aus).**

Kapitel 26

Wenn der Chef ein Schwindler ist, kann man nicht erwarten, daß die Angestellten ehrlich sind

Leute verbringen eine ganze Menge Zeit damit, zu beobachten, was der Chef macht. Wenn der Chef möchte, daß sich seine Angestellten einwandfrei benehmen, so muß auch er sich ebenso verhalten. Wenn er im Umgang mit seinen Kunden oder Angestellten oder auch mit Steuerprüfern unehrlich ist – werden seine Angestellten denken, daß dieses Benehmen akzeptabel ist, dann kann man Ihnen noch so oft das Gegenteil erzählen. Was aber noch schlimmer ist: Gute Leute werden nicht für einen schäbigen Chef arbeiten. Wenn sie einmal herausgefunden haben, daß ihr Chef nicht ehrlich ist, werden sie kündigen.

Aber wenn der Chef sich nun moralisch richtig verhält, wie bekommt er seine Angestellten dazu, sich gleichermaßen zu verhalten? Soll er Verhaltensrichtlinien veröffentlichen? Soll er von seinen zukünftigen Mitarbeitern als Einstellungsbedingung verlangen, das sie die Bibel lesen? Ein Quiz über die Goldene Regel veranstalten?

Lange Zeit bemühten wir uns, einen angemessenen „Verhaltensstandard" zu definieren. Endlich bekamen wir ihn heraus. Wir sagen unseren Leuten, daß sie sich immer selbst fragen müßten: „Wie würden meine Taten ausschauen, wenn sie morgen auf der Titelseite der Lokalzeitung erscheinen würden?"

Wenn man die Frage so stellt, sind die Dinge wirklich klar.

CHECKLISTE

- Machen Sie es allen klar. Jeder sollte wissen, daß es keine Entschuldigung für unmoralisches Verhalten gibt.
- Sprechen ist nicht genug. Der Chef kann nicht nur Moral predigen, er muß zeigen, daß er es ernst meint, und zwar durch seine Art, wie er mit jedem umgeht – Kunden wie Angestellten.
- Was machen Sie mit Mitarbeitern, die sich nicht an dieses Gesetz halten? Wenn es ein kleines Vergehen ist, geben Sie ihnen eine zweite Chance – eine zweite Chance. Wenn es etwas Schwerwiegenderes ist, kündigen Sie ihnen. Aus, basta.

Kapitel 27

Die einzige Bekleidungsvorschrift, die Sie je brauchen

Hier ist sie:

CHECKLISTE

- **Wie weiß man, ob man passend angezogen ist? Fragen Sie sich einfach selbst: „Würde ich mein Bild, so wie ich jetzt gekleidet bin, in der morgigen Zeitung sehen wollen?" (Diese Frage, die beim Verhaltensstandard prima funktioniert, eignet sich auch hervorragend für die Kleiderfrage.)**

  Wenn Sie mit Nein antworten, tragen Sie die falschen Sachen.

- **Faustregel? Seien Sie geschmackvoll. Im Zweifelsfalle lieber zu konservativ. Wenn Sie nicht ausgerechnet modische Kleidung verkaufen, werden sich die wenigsten durch zu konservative Kleidung gestört fühlen.**

- **Uniformen sind eine gute Idee – wenn sie zu Ihrem Geschäft passend sind. Alle unsere Kundendienstberater tragen blaue Blazer, graue Hosen und eine Krawatte.**

Acht

Leicht verkäufliche Produkte schaffen

Kapitel 28

Fangen Sie klein an

Was machen Sie, wenn aus der Zielgruppe ein faszinierendes Konzept vorgeschlagen wird oder wenn Sie selbst eine interessante Idee haben?

Probieren Sie sie aus – im kleinen Rahmen.

Es besteht die Neigung, zu lange über Dinge nachzudenken. Die Leute unternehmen eine Menge Forschungsarbeit, um von vornherein feststellen zu können, ob eine Sache Erfolg haben wird. Aber wenn Sie Ihren Kunden zuhören, werden Sie ein Gefühl dafür bekommen, was sie mögen. Warum also sollte man die Idee nicht in einem beschränkten Umfang umsetzen und schauen, was passieren wird? Diese Erfahrung haben wir von 3M geliehen. So gehen sie an neue Produkte heran. Wenn jemand bei 3M eine neue Idee hat, wie zum Beispiel „Post-it-Notizzettel", dann fertigen sie eine limitierte Auflage von Mustern, um herauszufinden, wer sie mag. Falls diese Neuheit dann angenommen wird, geht sie in Produktion. Diese Methode hat sich bei ihnen bezahlt gemacht und bei uns auch.

Mein Lieblingsbeispiel findet sich in Tom Peters' Buch: „A Passion for Excellence". Tom erzählt eine Geschichte über den Kassierer des örtlichen Spirituosengeschäftes. Eine lange Schlange wartete vor der Kasse, und der Kassierer war beim Eintippen wirklich langsam. Je länger es dauerte, desto ungeduldiger wurde Tom. Aber als man bei dem Burschen endlich fertig war, entschuldigte er sich für die Wartezeit und warf eine Handvoll Bonbons in die Einkaufstasche, sozusagen als Friedensangebot. Das zeigte dann, daß es ihm wirklich leid tat.

Wir fanden diese Idee gut, daher kauften wir einige Süßigkeiten und ließen sie vom Kassierer verteilen. Wir hatten sehr positive Reaktionen und blieben daher dabei.

Bald darauf kauften wir Miniaturausgaben des Cadillac Allante bei der Matchbox-Spielzeugfabrik und schenkten sie Kindern, die mit ihren Eltern im Schauraum waren. Das Lächeln der Kinder – und ihrer Eltern – zeigte uns, daß wir eine gute Idee gehabt hatten. Wenn Sie Kinder und Hunde mögen, glauben die Leute, daß Sie ein guter Mensch sind. Und wie bei den Süßigkeiten hat der Versuch mit den

Spielzeugautos nicht viel gekostet, genausowenig wie ihn fortzusetzen, als wir gesehen haben, wie sehr es die Leute schätzen.

Wenn Sie herausfinden wollen, ob ein teures Programm gut ankommen wird, probieren Sie es als Angebot des Monats aus. Sollte es nicht funktionieren, haben Sie nicht viel verloren. Wenn es die Leute mögen, können Sie im nächsten Monat ernsthaft damit beginnen.

Wenn wir Neuheiten einführen wollen die teurer sind – wie z. B. die kostenlosen Leihwagen –, dann probieren wir sie als „Angebot des Monats" aus. Wir hatten beispielsweise keine 257 Autos, als wir mit diesem Programm anfingen. Um die Idee zu testen, kauften wir fünf und sagten jedem, der sein Auto im Oktober zum Kundendienst brachte, daß er ein kostenloses Leihauto haben könnte. Dann warteten wir auf die Reaktionen der Leute. Die Kunden fanden diese Idee gut, und als die Nachfrage anstieg, mußten wir neue Autos anschaffen. Wir haben mittlerweile eine Flotte von 257 Autos.

Wenn die Idee aber bei den Leuten nicht angekommen wäre oder nicht funktioniert hätte, hätten wir das gar nicht zugeben müssen. Wir hatten es ja als zeitbeschränktes Angebot angepriesen.

Wenn wir die Reaktion nicht richtig deuten können, verlängern wir das Spezialangebot um einen weiteren Monat. Falls es nach zwei Monaten den Anschein hat, daß es nicht funktioniert, geben wir die Idee auf.

Daß man langsam beginnen soll, ist etwas, das ich selber aus schmerzlicher Erfahrung lernte. Ich hatte einmal eine Idee, die ich für genial hielt. Ich glaubte, daß ich einen Weg gefunden hätte, aus Lincoln-Kunden Cadillac-Kunden zu machen. Wir versandten also Briefe an alle Lincoln-Kunden in Dallas und boten ihnen kostenlosen Ölwechsel, Schmierung und Autowäsche an. Außerdem versprachen wir einen kostenlosen Cadillac, den sie benutzen konnten, während wir an ihrem Auto arbeiteten. Ich dachte, daß dies die Idee des Jahrhunderts sei. Sie würden einen Tag in einem Cadillac verbringen, sich in das Auto verlieben und uns eines abkaufen.

Wir versandten 15 000 Briefe und erhielten zwei Antworten. Ich habe den Grund niemals herausgefunden. Meine Annahme ist, daß die

Leute glaubten, ihre Zeit sei zu kostbar, um eine Extrafahrt zum Ölwechsel zu machen. Aber ich habe aus der Sache eine nützliche Lehre gezogen: Probiere niemals etwas in so einer Größenordnung aus. Es war übrigens eine teure Lektion.

Wenn wir etwas Ähnliches wiederholen würden, würde ich 200 Briefe verschicken, und nur wenn wir darauf einen guten Rücklauf hätten, würde ich die 15 000 aussenden. Aber ich werde niemals wieder mit 15 000 beginnen.

„Probieren Sie ein bißchen, verkaufen Sie ein bißchen" betrifft auch unser Warenangebot.

1989 produzierte Cadillac den sehr teuren Fleetwood 60 Special, den unser Verkaufsdirektor nicht auf Lager haben wollte. Er sagte, daß das Auto zu teuer wäre und daß es niemand kaufen würde. Ich aber wollte einen, weil ich glaubte, daß man ihn verkaufen könnte. Es gibt immer einige Leute, die das Beste und Teuerste von allem wollen. Daher beauftragte ich den Verkaufsdirektor, einen für mich zu bestellen, obwohl ich nicht die Absicht hatte, ihn lange zu fahren. Tatsächlich fuhr ich nur ein paar Straßen, als mich Allen Questrom (Präsident von Neiman Marcus, nun der Chef von Federated) sah und mich beauftragte, einen für ihn zu bestellen. Ich dachte mir, wenn ein Mann seines Geschmacks einen kaufte, dann wird sich noch einiges tun. Wir verkauften 25 weitere in diesem Jahr.

Also, ganz egal, was es ist, man sollte es immer im kleinen Rahmen ausprobieren, nur um herauszufinden, ob es dem Kunden gefällt. Falls es nicht klappt, haben Sie nicht viel verloren.

Manchmal vergessen wir nachzuprüfen, ob eine neu eingeführte Idee auch weiterhin funktioniert. Früher bekam der Kunde beim Kauf eines Neuwagens acht Ölwechsel gratis. Dieses Programm hatten wir zehn Jahre lang. Es war einleuchtend. Wir gaben ihnen einen zusätzlichen Grund, den Kundendienst bei uns durchführen zu lassen, außerdem war es unser Dankeschön für den Kauf eines Neuwagens bei Sewell Village.

Im Jahre 1987 gingen unsere Geschäfte nicht mehr so gut, und wir versuchten Kosten zu senken. Jemand schlug vor, die Gratis-Ölwechsel abzuschaffen. „Aber was passiert", fragte ein Mitarbeiter, „wenn sich die Kunden aufregen?"

Wir versuchten es also während einiger Monate. Wir dachten, wenn die Kunden das Programm vermißten, würden wir uns entschuldigen und es wieder einführen.

Wir hörten also auf, die Gutscheine auszusenden. Und wissen Sie, was passierte? Nichts, aber auch gar nichts. Kein einziger fragte: „Wo ist mein Ölwechsel-Gutschein?" Das war eine wirkliche Überraschung. Es war unseren Kunden einfach nicht wichtig. Kamen sie noch immer zum Kundendienst? Ja, wir machten immer noch 30 bis 40 Ölwechsel pro Tag, üblicherweise als Teil des übrigen Kundendienstes. Aber der Gutschein hat ihnen also nicht viel bedeutet. Wir hätten das nie erfahren, wenn wir nicht „Fangen Sie klein an" umgekehrt versucht hätten. Bei uns gibt es also keine kostenlosen Ölwechsel mehr.

Aus dieser Erfahrung haben wir folgendes abgeleitet: Wenn wir uns nicht sicher sind, ob ein Programm noch immer funktioniert, setzen wir es für eine Weile aus und beobachten, was geschieht.

Vor einigen Tagen passierte eine lustige Sache. Wir versandten 200 Gratis-Ölwechsel-Gutscheine an unsere Oldsmobile-Kunden, um sie dazu zu bringen, den Service machen zu lassen. Wir erhielten eine Reihe von Telefonanrufen: „Was wollt ihr? Was muß ich bezahlen?" Nichts. „Sind Sie sicher? Ich muß nichts anderes kaufen oder machen?" Nein, gar nichts. Wir versuchten es, aber manchmal glauben die Leute einfach nicht, daß es etwas kostenlos gibt, wie Gratis-Essen oder Gratis-Ölwechsel.

CHECKLISTE

- Bevor Sie eine Riesensumme ausgeben ... versuchen Sie Ihre Idee im kleinen auszuprobieren und beobachten Sie, was passiert. Dieses Konzept funktioniert bei Produkten, Dienstleistungen und Bezahlungsmethoden.

- Unternehmen Sie alles, um das Risiko so gering wie möglich zu halten. Wenn das, was Sie einführen wollen, viel Geld kostet, führen Sie es als zeitbegrenztes Angebot ein.

  Zum Beispiel könnten Sie sagen, dieses Programm dauert nur einen Monat. Auf diese Art müssen Sie keine teure Werbekampagne starten. Am Ende des Monats können Sie dann herausfinden, ob es wert ist, weiterzumachen.

- Was ist Ihren Kunden heute wichtig? Nur weil jemand die Idee vor fünf Jahren gut fand, gibt es keine Garantie, daß er sie heute noch immer mag. Streichen Sie regelmäßig Leistungen, die Sie anbieten, aus dem Programm und warten Sie ab, ob sich jemand darum kümmert. Falls dies der Fall ist, entschuldigen Sie sich und bieten Sie diese wieder an. Wenn es niemand bemerkt, haben Sie Geld eingespart.

Kapitel 29

Sie können keinen guten Service bieten, wenn das Produkt schlecht ist

Sie können sich noch so anstrengen, es ist unmöglich, guten Service anzubieten, wenn Sie ein schlechtes Produkt verkaufen. Es wird zu schnell abgenutzt sein oder kaputtgehen. Selbst das beste Kundenservicesystem kann Sie nicht retten. Was auch immer Sie unternehmen, der Kunde muß bei so einem Produkt einfach unzufrieden sein.

Wenn Sie also ein Produkt verkaufen, von dem Sie glauben, daß es verbessert werden kann – entweder qualitativ oder um den Kundenwünschen zu entsprechen –, müssen Sie diese Botschaft an den Hersteller weiterleiten.

Klar, daß dies nicht einfach ist. Die Hersteller glauben, daß sie ihren Markt sehr gut im Griff haben, und außerdem mag es niemand, wenn man ihm sagt, daß er eigentlich besser arbeiten könnte.

Um sie zum Zuhören zu bewegen, müssen Sie sie von Ihrer Glaubwürdigkeit überzeugen. Sie müssen beweisen, daß Sie wissen, wovon Sie sprechen. Ansonsten werden die Hersteller sagen: „Wenn Sie so schlau sind, warum können Sie dann unsere Produkte nicht verkaufen?"

Sie etablieren Ihre Glaubwürdigkeit im Laufe der Zeit. Es ist unrealistisch zu erwarten, daß man 30 Tage nach Vertragsabschluß schon ein großartiges Verhältnis und viel Einfluß auf die Hersteller hat. Sie müssen sich deren Vertrauen erarbeiten, und das braucht seine Zeit, weil Sie ihnen eine ganze Menge beweisen müssen. Zum Beispiel müssen Sie ihnen zeigen, daß Sie ein guter Einzelhändler sind und daß Sie ihre Produkte verkaufen können.

Das unterstützt Ihre Glaubwürdigkeit ganz enorm. Zum Beispiel meine ich, daß ich dem Cadillac-Hersteller glaubwürdiger erscheine als dem Chevrolet-Hersteller, weil ich viel mehr Cadillacs verkaufe.

Aber es geht um mehr als Ihren Verkaufserfolg.

Erstens müssen Sie alles über das Produkt wissen. Nichts wird Ihre Glaubwürdigkeit mehr zerstören, als wenn Sie vorschlagen, daß ein

Produkt eigentlich „X" machen sollte, um gleich nachdem Sie das gesagt haben, herauszufinden, daß es das schon kann.

Zweitens müssen Sie den Markt kennen und wissen, was der Wettbewerb treibt. Drittens müssen Sie über den Entwicklungsprozeß Ihres Produktes Bescheid wissen. Zum Beispiel braucht man vier oder fünf Jahre, um ein völlig neues Auto zu entwerfen. Für den Lexus LS 400 brauchte man sogar sieben Jahre. Vielleicht sollten Sie das wissen, bevor Sie für den nächsten Monat ein neues Modell verlangen oder vielleicht sogar für das nächste Jahr.

Zum Schluß müssen Sie noch lernen, die Sprache des Herstellers zu sprechen. Das ist wichtig. Manchmal verwenden der Einzelhändler und der Hersteller für die gleiche Sache zwei verschiedene Ausdrücke. Für Autos, zum Beispiel, gibt es einen Unterschied zwischen Design und Konstruktion. Der Designer ist derjenige, der entscheidet, wie das Produkt aussehen wird. Der Konstrukteur ist für die Leistung verantwortlich. Es ist wie bei einem Gebäude: man hat einen Architekten und einen Baumeister. Der Autodesigner ist so etwas wie der Architekt.

Und dann müssen Sie lernen, daß sich die Produktionsabteilung sowohl von der Designerabteilung als auch von der Konstruktionsabteilung unterscheidet und daß man alle drei braucht, um ein Auto herzustellen. Sie müssen wissen, was alle drei machen, wenn Sie wollen, daß sie Ihnen zuhören.

Bis Sie dem Hersteller nicht bewiesen haben, daß Sie wissen, worüber Sie sprechen, und daß Sie deren Arbeit und Probleme genauso gut kennen wie Ihre eigenen, werden sie Ihnen wahrscheinlich nicht zuhören – ganz egal wie gut Ihre Idee auch ist.

Niemand ist dem Kunden näher als der Einzelhändler. Daher ist es wichtig, daß Ihnen die Hersteller zuhören. Erlauben Sie mir eine kurze Nebenbemerkung: Cadillac hat hier großartige Arbeit geleistet.

Als Cadillacs Geschäftsführer John Grettenberger vor fünf Jahren diesen Posten übernahm, entschied er, daß er Händler gerne in den Entwicklungsprozeß mit einbeziehen möchte.

Deshalb hat John eine Gruppe von uns – Händler, Konstrukteure, Produktionsleute und Designer – in ein Zimmer gesteckt und uns drei Tage lang dabehalten. Somit gab es bei Cadillac erstmals einen nützlichen Austausch der Meinungen und Informationen. Ein Ergebnis ist, daß nun die Händler Cadillac besser verstehen und daher nützlichere Verbesserungsvorschläge einbringen können. Und ich glaube, daß die Konstrukteure und Mitarbeiter aus der Produktion auch unsere Ansichten jetzt besser verstehen.

Als wir uns zu den Diskussionen trafen, zeigten uns die Konstrukteure, daß die Aufhängung, Bremsen und überhaupt die gesamte Konstruktion der derzeitigen Eldorado- und Seville-Serie, wie in der Werbung behauptet, „Weltklasse“ sind. Sie wollten also wissen, warum es keine größere Nachfrage für solche großartigen Qualitätsprodukte gibt.

Wir sagten ihnen, daß viele unserer Kunden der Ansicht seien, daß es nicht genügend Platz im Innenraum des Wagens gebe, und sie möchten außerdem etwas, das dieses Auto charakteristischer aussehen lasse. Aufgrund dieser Treffen und einer anschließenden Marktstudie (Händler haben nicht immer recht) wurden diese Autos nochmals überarbeitet. Cadillac wird die aufwendige Konstruktion beibehalten und sie sogar noch ein bißchen verbessern, aber man wird auch auf die Wünsche der Kunden eingehen. Der Eldorado und Seville des Baujahres 1992 – die ersten beiden Produkte, die durch das von John Grettenberger initiierte Treffen entstanden sind – sind Volltreffer. (Autoliebhaber werden erfreut zur Kenntnis nehmen, daß es einen total neuen 32-Ventil-Motor mit zwei obenliegenden Nockenwellen geben wird.)

Außerdem ist da noch der Vorteil, einen Händler oder Kunden in den Planungsprozeß der Fabrik mit einzubeziehen, daß diese sich auch kritisch äußern dürfen, also Dinge sagen können, für die ein „Interner“ vielleicht ermahnt oder gefeuert würde. Es kamen schon einige der Fabrikarbeiter zu mir und sagten: „Wenn wir dies machen, würde das Ergebnis so sein, und wenn Sie es den Herren sagen, dann hören sie vielleicht auf Sie. Sie werden wegen dieses Vorschlages nicht abgeschossen werden.“

Als ein weiteres Ergebnis aus dieser Zusammenkunft haben wir nun ein Programm, das die Topmanager in die Schauräume der Händler bringt. Dort können sie dann mit den Kunden sprechen und erfahren alles aus erster Hand. John hat diese Kommunikationsmöglichkeit geschaffen, die es nie zuvor in der Geschichte Cadillacs gegeben hatte.

Früher mußte vielleicht tatsächlich nicht jeder mit einbezogen werden. Aber heute ist das so. Heute hat es den Anschein, als ob es in jedem Markt große Konkurrenzkämpfe gäbe. Wir müssen dem Kunden sehr nahe sein, um herauszufinden, welche Art von Produkt er eigentlich möchte. Das heißt also, daß jeder, der mit Kunden zu tun hat, in den Planungsprozeß mit einbezogen werden sollte.

Die einfachste Methode, um sicherzustellen, daß man auf Ihre Ideen hört, ist, mit einfachen Verbesserungsvorschlägen anzufangen: mit Ideen, die sehr leicht umzusetzen und gewinnträchtig sind. Als zum Beispiel der „Allante" herauskam, mochten die Kunden dieses Auto sehr. Aber sie erzählten uns immer wieder, daß sie das Auto gerne in Rot oder Schwarz hätten – zwei Farben, die nicht angeboten wurden. Die Händler leiteten diese Information an Cadillac weiter.

Zusätzlich Farben in eine Serienproduktion einzuführen ist nicht so schwierig oder teuer. Cadillac hörte auf den Vorschlag, bot die zusätzlichen Farben an, und mittlerweile wird die Hälfte der Allantes in Schwarz oder Rot verkauft.

Zuerst also beweisen Sie Ihre Glaubwürdigkeit mit leicht erzielbaren Erfolgen. Dann, nachdem Sie bewiesen haben, daß Sie wissen, wovon Sie sprechen, können Sie größere Projekte in Angriff nehmen, wie zum Beispiel die Hersteller zu überzeugen, die PS-Zahl des Motors zu verdoppeln oder daß Cadillac in die Formel I einsteigen sollte.

Aber sowohl bei einfachen Verbesserungsvorschlägen wie bei schwierigeren Themen sollten Sie Ihre Vorschläge immer höflich einbringen und immer aus der Sicht des Herstellers. John Sewell hatte eine gute Umschreibung für das, er nannte es: „Die Sicht des anderen." Das ist zwar steinalt, aber es ist immer noch eine gute Idee. Hilft Ihre Idee den Herstellern? Wenn ja, wird sie leichter zu verkaufen sein. Es wäre naiv zu glauben, daß Menschen nicht für ihre eigenen Interessen arbeiten. Was wir zu sagen versuchen, ist: „Diese Idee wird uns helfen, mehr Autos zu verkaufen. Das wollen wir beide. Könnten wir es also ausprobieren? Ich glaube, es wird funktionieren."

Aber wir müssen recht haben. Die Leute müssen wirklich Rot und Schwarz wollen. Wenn das, was Sie gesagt haben, wahr ist, wird man auch in Zukunft auf Sie hören. Aber wenn es sich als falsch herausstellt – speziell bei Ihrem ersten oder zweiten Vorschlag –, wird man Ihnen nicht mehr zuhören.

Wie entscheiden wir also, ob wir etwas vorschlagen oder nicht? Das ist leicht zu beantworten. Wir hören ganz einfach unseren Kunden zu. Wir sprechen mit ihnen, und außerdem verbringen wir noch ziemlich viel Zeit mit unseren Verkäufern. Schließlich stehen sie ja unseren Kunden am nächsten. Und wir sprechen mit Leuten, die einmal unsere Kunden waren. (Wie jedes gute Geschäft, versuchen wir mit unseren Kunden in Kontakt zu bleiben.) Wir wollen wissen, warum sie einen neuen Mercedes anstatt eines Cadillacs oder Lexus gekauft haben.

Wenn Sie dieses Wissen einmal haben, müssen Sie die richtige Person finden, an die Sie es weitergeben. Das ist wichtig. Wenn Ihr Ansprechpartner in der Fabrik aufgeschlossen ist, so ist das einfach großartig. Wenn nicht, dann suchen Sie jemanden, der es ist, und es muß nicht unbedingt ein Abteilungsleiter sein. Es kann jemand sein, der zwei Hierarchiestufen daruntersteht. Sie müssen die Person finden, die auf dem Weg nach oben ist und Neues versucht. Ihre Idee könnte für sie eine weitere Stufe auf der Karriereleiter bedeuten.

Der einfachste Weg, die richtige Person zu finden, ist, einen Versuchsballon steigen zu lassen, wie dies in Washington allgemein genannt wird. Wenn ihn jemand erwischt und sagt: „Das gefällt mir", dann haben Sie die richtige Person gefunden, die innerhalb der Firma für diese Idee eintreten wird.

Aber Sie werden nichts erreichen, wenn die Idee nicht gut ist. Glaubwürdigkeit, Glaubwürdigkeit, Glaubwürdigkeit. Sie müssen sie haben. Sie müssen hundertprozentig davon überzeugt sein, daß Sie recht haben. Sie müssen nicht 9000 Leute befragen, die Ihnen sagen, daß sie Rot und Schwarz wollen. Vielleicht sind es 90. Aber Sie müssen Informationen haben, die den Hersteller überzeugen. Sie müssen Ihre Vorschläge gut verkaufen, und das unterscheidet sich in keinster Weise vom Verkauf an den Kunden.

Dies wird nicht über Nacht geschehen. Erinnern Sie sich, Sie bauen Ihre Glaubwürdigkeit auf, und das kann nur allmählich geschehen, weil die Leute Sie schließlich einschätzen wollen. Haben Sie ein wahrhaftiges Interesse am Wohlergehen der Firma, deren Produkt Sie verkaufen, oder sind Sie nur jemand, der vorübergehend einen Vorteil durch ein momentan gefragtes Produkt haben möchte, welches sich kurzfristig gut verkaufen läßt?

Während die Hersteller sich entscheiden, läuft die Uhr weiter. Das läßt sich nicht vermeiden. Kurzfristig könnten Sie vielleicht mehr Geld verdienen, indem Sie zu Hause bleiben und versuchen, mehr von dem bestehenden Produkt zu verkaufen. Langfristig hingegen werden Sie mehr Geld verdienen, wenn Sie Ihrem Hersteller helfen, ein besseres Produkt zu erzeugen – eines, das sich der Kunde wünscht. Da Kundenservice ein Marathon ist und kein Sprint, ist dieses Prinzip sinnvoller.

CHECKLISTE

- **Machen Sie es ihnen leicht, zuzuhören. Die meisten Hersteller glauben, daß sie ihre Märkte kennen. Sie wollen eigentlich nicht hören, daß man die Dinge noch verbessern könnte. Um sie zum Zuhören zu bewegen, müssen Sie beweisen, daß Sie ihre Probleme und Vorgehensweisen verstehen und sich um sie genauso sorgen wie um Ihre eigenen.**
- **Verschaffen Sie sich Glaubwürdigkeit. Schießen Sie nicht aus der Hüfte. Wenn Sie wollen, daß die Hersteller gemäß Ihren Vorschlägen handeln, müssen die Vorschläge richtig sein. Kommen Sie ihnen nicht mit Mutmaßungen oder Vermutungen. Zeigen Sie, daß Sie sich genug dafür interessieren, daß Sie Zeit und Geld investieren, um Ihren Standpunkt beweisen zu können.**
- **Gehen Sie den leichten Weg. Ihr erster Vorschlag muß preiswert umzusetzen sein, aber sofort Ergebnisse zeitigen. Sie müssen schon eine Serie kleinerer Siege in der Tasche haben, bevor Sie dem Hersteller erklären, daß er sein gesamtes Modellprogramm umstellen muß.**
- **Großartige Beziehungen sind wie guter Wein . . . erst mit der Zeit werden sie besser. Der gesamte Prozeß, um eine gute Beziehung mit dem Hersteller aufzubauen, wird eine Weile in Anspruch nehmen. Sie können ihn nicht beschleunigen, also erwarten Sie keine Wunder.**

Neun

Nachahmen, nachahmen, nachahmen

Kapitel 30

Warum das Rad nochmals erfinden? Sie brauchen es nur zu verbessern.

Wann immer wir etwas Neues ausprobieren wollen, sehen wir uns um, wie andere Leute damit umgegangen sind. Warum soll man das Rad neu erfinden, wenn schon andere Leute herausgefunden haben, wie man es am besten macht?

Es ist also sinnvoll nachzusehen, wie es andere Leute gemacht haben, und dann diese Methode an die eigenen Umstände anzupassen.

So haben wir das gemacht. Eine Sache, die mich bei Autohändlern immer wieder ärgert, sind die Lautsprecher, durch die ständig Namen ausgerufen werden. Das ist belästigend und unprofessionell. Aber ich wußte keine Lösung, bis ich zu diesem Pizzaladen kam.

Ich war mit meinen Kindern bei Chuck E. Cheese – das ist die Restaurantkette, wo es singende und tanzende Tiere, Karussells und eine ganze Menge von Nintendo-Videospielen gibt. Wenn Sie etwas essen wollen, gehen Sie zur Theke und bestellen es. Dann können Sie sich die Show anschauen oder mit den Kindern Karussell fahren, bis Ihr Essen fertig ist.

Wegen des Lärms – die „maschinenbetriebenen" Tiere, die Spiele, die kreischenden Kinder – gibt es keine Möglichkeit, daß jemand schreien kann: „Sewell, Ihre Pizza ist fertig!" Man würde das nie hören.

Also machen sie es folgendermaßen: Nachdem Sie Ihre Bestellung abgegeben haben, bekommen Sie eine Nummer – genau wie am Delikatessenbuffet im Supermarkt. Dann, jedesmal wenn eine Bestellung fertig ist, ertönt eine angenehme Melodie. Das ist Ihr Signal, Sie schauen auf die Monitore, die überall angebracht sind. Jedesmal wenn eine Bestellung fertig ist, leuchtet die entsprechende Nummer auf.

Das System arbeitet wirklich gut. Niemand muß schreien, und die Kunden müssen keine Zeit verschwenden, um sich an der Küchentüre zu drängeln, während sie aufs Essen warten.

Ich finde, das ist eine Bombenidee. Daher haben wir sie nachgeahmt und ein bißchen verändert.

Früher passierte folgendes: Der Kunde bezahlte die Rechnung, und der Kassierer rief durch das Mikrophon: „Bitte Auto Nummer 473.“ Nach der Durchsage sollte einer der Kundenbetreuer das Auto bringen.

Das System funktionierte nie richtig. Erstens plärrten den ganzen Tag lang Durchsagen. Zweitens war man nie sicher, ob die Kundenbetreuer die Nachricht gehört hatten. Sie waren vielleicht gerade in einem anderen Auto und hatten die Fenster geschlossen oder am Telefon, oder sie unterhielten sich gerade mit jemandem.

Erst wenn sie das Auto brachten, konnten wir sicher sein, daß sie die Nachricht gehört hatten. Falls dies nicht geschah, mußte der Kunde warten und warten und würde sich vielleicht beschweren. Wenn er sich also beschwerte, wurde die Durchsage nochmals gemacht, und das Ganze begann von vorne.

So kann man keinen Kundendienst anbieten.

Heute – dank Chuck E. Cheese – passiert folgendes, wenn man die Rechnung bezahlt: Der Kassierer gibt die Information in den Computer ein, und der Monitor in der Werkstatt zeigt sie an. Einer der Kundenbetreuer gibt dann mittels EDV-System Bescheid, daß er das Auto bringen wird. Diese Information geht direkt zum Kassierer. Wenn sich niemand meldet, wird jemand losgeschickt, um das Problem zu beheben.

Durch dieses neue System gibt es keine Lautsprecherdurchsagen mehr, und wir wissen immer, ob das Auto kommt. Was aber noch wichtiger ist: Die Durchschnittszeit, die für das Bringen des Autos benötigt wird, wurde von sechs auf zwei Minuten gesenkt. All diese Errungenschaften sind direkt auf unseren Besuch im örtlichen Pizzarestaurant zurückzuführen.

Wir kopieren solche Ideen, wann immer es uns möglich ist. Es ist einfach sinnvoll. Warum sollten wir Probleme alleine lösen, wenn jemand anders sich bereits damit beschäftigt hat? Manchmal hat man natürlich keine andere Wahl. In manchen Situationen ist das, was man tun möchte, einmalig. Aber das ist ziemlich selten. Meistens kann man eine Lösung nachahmen. Bill Mariott wird immer viel mehr als ich darüber wissen, wie man mit einer großen Anzahl von Leuten schnell und effizient umgeht. Warum sollte ich also nicht von seiner Erfahrung profitieren?

Warum sollte man nicht die besten Ideen von McDonald's, American Airlines und Disney nehmen und sie seiner Branche anpassen? Wir haben das gemacht. Mehrmals. (Das ist einer jener Gründe, warum Tom Peters' Bücher so populär sind. Er zeigt auf, wie die besten Firmen arbeiten.)

Wir haben schon davon gesprochen, daß wir unsere Niederlassung wie Disney World gestalten wollen. Wir fanden heraus, welche Art von Fliesen bei McDonald's verwendet werden, und nun verwenden wir nur noch diese Art in unseren Service-Bereichen. Wenn Sie den Menschenmassen bei McDonald's standhalten können, dann werden sie auch unsere Werkstattabteilungen aushalten.

Außerdem gestalten wir unsere Verkaufsprämien gemäß dem American-Airlines-Advantage-Programm.

Wenn eine Idee irgendwo funktioniert, kann man ziemlich sicher sein, daß sie auch woanders funktioniert. Die Leute unterscheiden sich nicht so sehr voneinander.

Wir glauben, daß das Nachahmen von Ideen so wirkungsvoll ist, daß wir sogar Studienreisen unternehmen, um neue Ideen zu finden. Unsere Karosseriespengler fuhren nach Kalifornien, um herauszufinden, wie man dort die Reparaturen macht. Der Abteilungsleiter fuhr nach Europa, um dort die besten Werkstätten zu besichtigen. Er sollte herausfinden, wie sie es fertigbringen, bei Reparaturlackierungen den Ton der Farbe genau zu treffen. Daher verwenden wir jetzt Sikkens-Farbe und Garmat-Lackierboxen.

Wir gehen auch zu unseren Wettbewerbern. Das ist eine enorme Hilfe, weil man dabei sieht, was sie machen. Ich fahre an Sonntagen zu ihren Schauräumen, nur um zu sehen, wie sie ihre Waren ausstellen. Wir beauftragen auch Leute, die bei den Konkurrenten unbekannt sind, dort Autos einzukaufen. So können wir herausfinden, wie die Kunden behandelt werden, wie die Preise sind und was wir ganz allgemein von ihnen lernen können. (Ein Ergebnis ist, daß wir jetzt mit der Hausbank eines unserer Konkurrenten zusammenarbeiten, um die Finanzierung für unsere Kunden anzubieten. „Chase" hatte viel bessere Konditionen als die Bank, die wir vorher hatten.)

Bücher sind eine nie versiegende Quelle an Ideen, die man sich ausleihen kann. Hier ein Bäckerdutzend meiner Lieblingstitel.

Berry, LeonardL., Parasuraman, A., Zeithaml, Valarie A. „Qualitätsservice". Frankfurt: Campus.

Bradshaw, Pete. „Personal Power". Englewood Cliffs: Prentice-Hall, Inc.

Cusumano, Micheal A. „The Japanese Automobile Industry". Cambridge: The Harvard University Press.

Deming, W. Edwards. „Out of the Crisis". Cambridge: Massachusetts Institute of Technology, Center for Advanced Engineering Study.

Goldratt, Eliyahu M., Cox, Jef. „Das Ziel". Hamburg: McGraw-Hill.

Marcus, Stanley, „Minding the Store". Boston: Little, Brown and Company.

——. Quest for the Best. New York: The Viking Press.

Ohno, Taiichi. „Workplace Management". Cambridge: Productivity Press.

Ohno, Taiichi, Setsuo, Mito. „Just in Time for Today and Tomorrow". Cambridge: Productivity Press.

Peters, Tom. „Kreatives Chaos". Hamburg: Hoffmann und Campe.

Peters, Thomas J., Waterman, Robert Hs, Jr. „Auf der Suche nach Spitzenleistungen". Landsberg: Verlag Moderne Industrie.

Shingo, Shigeo. „Das Erfolgsgeheimnis der Toyota-Produktion". Landsberg: Verlag Moderne Industrie.

Sloan, Alfred P., Jr. „My Years with General Motors". New York: Doubleday / Currency.

Wir besuchen auch andere Orte, die nichts mit uns zu tun haben, wie Restaurants, Hotels, Vergnügungsparks, Museen. Auf diese Art finden wir heraus, welchen Service sie bieten, welche Uniformen getragen werden, welche Beleuchtung und Musik verwendet werden.

Wenn ich mit Leuten darüber spreche, wie wir die Ideen anderer nachmachen, dann sagen sie manchmal: „Das geht vielleicht bei euch drunten in Dallas, aber meine Kunden hier in New York (oder Chicago, San Francisco oder wo auch immer) sind anders, mit denen wird das nicht funktionieren."

Da gibt es ein altes texanisches Sprichwort, das hier wirklich zutrifft. Absoluter Blödsinn. Nichts ärgert mich mehr als Leute, die sagen: „Das funktioniert dort, wo ich wohne, sicherlich nicht."

Eine ganze Reihe unserer guten Systeme und Programme haben wir anderen nachgemacht, und diese anderen sind über die ganze Landkarte verteilt. Alle diese Ideen funktionieren in Dallas, und sie werden auch in Philadelphia, New York, Los Angeles oder sonstwo funktionieren. Sie haben sogar in New Orleans funktioniert.

New Orleans und Dallas sind aber sehr verschieden. Und die Leute sagten, daß unsere Art, Geschäfte zu machen, sich dort nicht durchsetzen werde, weil die Menschen in New Orleans mehr verlangen und das Geld nicht so leicht ausgeben. Aber unser Versuch dort – wir haben einen Cadillac- und Chevrolet-Betrieb in New Orleans – hat sich glänzend bewährt. Die Leute wollen guten Service, ganz egal wo sie leben.

Die besten Systeme funktionieren überall. Wenn Sie sie nicht haben, suchen Sie die Firmen, die diese Systeme haben, übernehmen Sie diese Systeme und adaptieren Sie sie für Ihre Bedürfnisse.

CHECKLISTE

- Nachahmen. Es ist schneller. Wenn man genug Zeit hat, wird man alles selbst herausfinden können. Aber warum diese Zeit verschwenden? Wenn Sie mit einem neuen Problem konfrontiert sind, schauen Sie sich um, wie andere Leute dieses Problem gelöst haben.
- Den Besten nachahmen. Wenn Sie sich einmal dafür entschieden haben, etwas nachzuahmen, dann tun Sie es von den Besten. Wer kümmert sich um seine Niederlassungen am besten? Disney natürlich. So wurden sie unser Vorbild, als wir darüber nachdachten, wie unsere Anlagen aussehen sollten. Die Fliesen für unsere Werkstatt sind vom gleichen Lieferanten, der auch McDonald's beliefert. Wir hatten erfahren, daß McDonald's jeden Fliesenhersteller auf Erden besucht hatte, das blieb uns also erspart.
- Aktive Suche nach Ideen zum Nachahmen. Organisieren Sie Studienreisen, um nach neuen Ideen Ausschau zu halten. Wenn Sie eine Idee sehen, die Sie gut finden, fragen Sie einfach danach. Menschen sprechen gern über ihr Geschäft.
- Fürchten Sie sich nicht davor, die Ideen abzuändern. Wir haben keine Einspurbahn durch unser Gelände laufen, und bei uns gibt es auch nicht Tausende von Leuten, die übernachten und um 7.00 Uhr morgens aufstehen wollen. Trotzdem haben wir Disneys Ideen für die Sauberkeit und Marriotts System zur Bewältigung einer großen Anzahl von Leuten benutzt. Verändern Sie also die Ideen, die Sie nachahmen so, daß sie Ihren Bedürfnissen entsprechen.

Kapitel 31

„Die Dinge, die Sie nicht wissen, sind Geschichte, die Sie nie gelesen haben“

Harry Truman sagte dies immer. Unsere Berater – Stanley Marcus, Steve Mulvany und Tom Peters – sind unschätzbar, weil sie uns diese Geschichte lehren. Wenn es um systematischere Ideen geht, nehmen wir uns Berater, sowohl offizielle als auch inoffizielle. Weil sie schon an Orten waren, die wir noch nie gesehen haben, und Zeit mit erfolgreichen Leuten verbracht haben, die wir noch nie getroffen haben, können sie vielleicht auf Dinge kommen, an die wir nie gedacht hätten.

Wenn wir einem Berater vertrauen, haben wir meistens eine lang andauernde Geschäftsbeziehung mit ihm. Je länger wir zusammenarbeiten, desto besser kennt er unser Geschäft und um so wertvoller wird er.

Pete Bradshaw ist dafür ein großartiges Beispiel. Als wir ihn zuerst trafen, lehrte er „Organisationsentwicklung“ in einem von Cadillac finanzierten Seminar an der Harvard Universität. Damals wußte er nicht viel über Verkauf, Service und Reparatur von Autos. Aber er hat dazugelernt, und er hat das Wissen über unsere Branche mit seinem Wissen aus Beratertätigkeiten bei Ölfirmen, Fluglinien und Verlagen vereint.

Insbesondere hat er uns beigebracht, daß Leute, die sich selbst und ihre Arbeit mögen, sich besser um die Kunden kümmern können.

Lassen wir es Bradshaw sagen:

„Erst wenn wir – du, ich, jeder – uns selbst achten, können wir auf die Wünsche und Bedürfnisse anderer eingehen. Leute, die sich machtlos fühlen oder glauben, daß sie nicht geschätzt werden, kümmern sich nicht sehr um die Probleme anderer.“

Das Geheimnis ist, sagt Bradshaw, ein Umfeld zu schaffen, in dem die Menschen glauben, daß sie für den Erfolg des Unternehmens wichtig sind. Er glaubt, daß es vier Grundvoraussetzungen für die Selbstachtung gibt.

Das sind:

1) **Leistung: Die Arbeit der Person wird an klaren und fairen Zielen gemessen, welche direkt im Verhältnis zur Bezahlung und Beförderung stehen.**
2) **Umsorgt werden: Die Arbeitsbedingungen zeigen klar und deutlich den Respekt und die Sorge um jede einzelne Person in der Organisation.**
3) **Macht: Die Firma fördert Individualität und Selbständigkeit, sofern diese den vereinbarten Standards und Werten entsprechen. Von jedem werden Verbesserungsvorschläge erwartet. Alle Vorschläge, egal von wem sie kommen, werden ernst genommen. Eigentlich kann jeder, der es möchte, mitbestimmen, wie die Dinge gemacht werden.**
4) **Ethik und Werte: Verhaltensrichtlinien müssen klar und konsequent sein, und auf ihre Einhaltung muß großer Wert gelegt werden. Bei der Auswahl neuer Mitarbeiter sollte man Leute wählen, die die gleichen Werte haben. Jenen, die diese Regeln verletzen, wird gekündigt.**

Wie Sie sehen können, haben wir Bradshaws Ideen genutzt, um unsere Händlerbetriebe aufzubauen.

Eine andere Rolle, die er einnimmt, ist die unseres Beichtvaters. Es gibt einige Dinge, die man nicht mit den Menschen diskutieren kann, mit denen man Tag für Tag zusammenarbeitet. Wenn man über den Verkauf der Firma nachdenkt; wenn man sich die Kündigung von jemandem, der schon seit langem für einen arbeitet, überlegt; wenn man sich mit dem Gedanken trägt, eine neue Führungskraft einzusetzen – ist es wahrscheinlich besser, wenn man sich mit einem informierten, aber neutralen Dritten bespricht, als sich an einen Mitarbeiter zu wenden.

Pete steht auch anderen Leuten in unserem Betrieb zur Verfügung. Mitarbeiter können zu ihm gehen und sagen: „Ich habe ein Riesenproblem mit Carl oder mit meinem Vorgesetzten." Pete wird sie nicht verraten. Er zeigt ihnen, wie man dieses Problem lösen könnte. Zusätzlich leitet er noch unsere jährliche Gesprächsrunde, bei der alle unsere leitenden Angestellten zusammenkommen, um über Probleme und

Möglichkeiten zu sprechen, die wir in allen unseren Händlerbetrieben haben.

All das macht er zusätzlich zu seiner Arbeit als mein Berater. Ich befolge nicht immer seine Ratschläge, aber er ermöglicht mir doch, die Sache aus einem anderen Blickwinkel zu betrachten, und das ist unbezahlbar.

Stanley Marcus zum Beispiel sagte uns immer, wir sollten alle Dinge aus der Sicht des Kunden sehen. Dank seiner Hilfe wissen wir, daß all die tollen Systeme, die wir einsetzen, nichts bewirken, wenn der Kunde nicht davon profitiert.

Als Stanley als Generaldirektor bei Neiman-Marcus in Pension ging, fragte ich ihn, ob er nicht bei uns als Berater tätig werden möchte. Er lachte und sagte: „Carl, Sie können sich mich nicht leisten." Und damit hatte er absolut recht. Ich konnte ihn mir als festen Angestellten nicht leisten. Aber er schlug vor, daß wir einmal im Monat zusammen zu Mittag essen, und das verringerte die Gebühr so sehr, so daß ich ihn mir leisten konnte.

Harry Truman hatte recht, als er sagte: „Die Dinge, die Sie nicht wissen, sind Geschichte, die Sie nie gelesen haben." Bei der Suche nach Beratern für den Aufbau Ihres Geschäftes sollten Sie solche suchen, die bereits dabei waren, als diese Geschichte geschrieben wurde. Sie haben wahrscheinlich genau den Einblick und das Verständnis, das Sie brauchen.

So begann unsere Freundschaft. Was hat er alles erlebt! Er hat ein Wissen vom Einzelhandel wie kein anderer. Eines der Dinge, die er mich gelehrt hat, ist, daß Qualität und Wert immer gewinnen werden. Derjenige, der die besten Waren hat, wird vom Konsumenten ausgewählt werden. Mit der Zeit wird der Kunde Sie sicher finden, wenn Sie das beste Auto und den besten Kundendienst anbieten. Die Guten werden am Schluß gewinnen.

Und wenn Sie gute Berater haben, werden auch Sie am Schluß gewinnen.

CHECKLISTE

- Es sind noch immer Sie, der den Betrieb führt. Sie sollen zwar einen Berater beschäftigen, dürfen aber Ihre eigene Meinung nicht durch die seine ersetzen. Wenn Sie das machen, was Ihnen Ihr Innerstes sagt, liegen Sie zu 99 Prozent richtig. Aber nehmen Sie sich Berater, um Ideen zu bekommen – und als Beichtvater.
- Erfahrung kann ein guter Lehrmeister sein. Beim Aussuchen Ihres Beraters oder auch nur eines Gesprächspartners sollten Sie versuchen, Leute zu finden, die Erfahrung und eine Erfolgsgeschichte aufweisen. Sie haben vielleicht schon all die Probleme gehabt und gelöst, mit denen Sie noch kämpfen.
- Bauen Sie eine Beziehung auf. Wenn Sie einmal einen guten Berater gefunden haben, bleiben Sie bei ihm. Gute Berater sollten länger beschäftigt werden, je mehr sie über Sie und Ihre Organisation wissen, desto mehr werden sie bieten können.

Zehn

Sie sind die Botschaft

Kapitel 32

Sprechen Sie zurückhaltend, aber ...

Wir haben zwei einfache Ziele, wenn wir uns hinsetzen, um eine Werbung auszuarbeiten: Wir wollen, daß sie unsere Art, Geschäfte zu machen, wahrhaftig wiedergibt, und wir wollen, daß etwas entsteht, das wir auch unserer Familie und unseren Freunden stolz vorführen können. Mit anderen Worten wollen wir, daß es sich mit den anderen Dingen, die wir hier machen, vereinbaren läßt.

Wenn wir eine Werbung entwerfen, bedenken wir immer, wofür unser Unternehmen stehen soll. Gemeinsam mit unserer Agentur – Puskar, Gibbon und Chapin aus Dallas – sind wir auf eine einfache Aussage gekommen, die unsere Ziele klar wiedergibt: „Die Sewell-Händlerbetriebe arbeiten immer mit Würde, Ehrlichkeit und Stil, gleichzeitig bieten sie den besten Kundenservice weit und breit."

Das ist das Fundament, auf dem wir unsere Werbung aufbauen. Oft verwenden wir einfache Geschichten, und meistens hat unsere Radiowerbung Musik im Hintergrund.

Wir bleiben bei dem, was wir sagen – eine Sache eine Woche lang hervorzuheben und etwas anderes in der nächsten Woche verwirrt die Leute –, und wir sind fachbezogen. Sie werden gleich einen Eindruck davon bekommen, wenn Sie sich die folgenden Radiospots betrachten.

Sprecher: *Sewell Village hat Mr. Stanley Marcus befragt, was er über Service denkt.*

Marcus: *Somerset Maugham schrieb einmal: „Eines der seltsamen Dinge im Leben ist, wenn Sie es ablehnen, etwas anderes als das Beste zu bekommen, werden Sie es meist auch bekommen." Als Kaufmann habe ich festgestellt, daß Leute, die die beste Ware wollen, auch den besten Service wollen. Wenn sie ihn dann gefunden haben, haben sie eigentlich keinen Grund mehr, woanders einzukaufen.*

Sprecher: *Seit mehr als 70 Jahren hat die Sewell-Familie die Leute bedient, die das Beste von einem Automobil und von der Werkstätte verlangen. Uns ist Dienstleistung besonders wichtig, deshalb sind wir zum größten Cadillac-Händler im Südwesten geworden. Unsere Werkstätten sind samstags ganztägig geöffnet, und wir bieten*

	150 Leihautos gratis an, angenehme Service-Termine und am wichtigsten: persönliche Beratung.
Marcus:	*Wenn Sie exzellenten Service anbieten, bieten Sie einen sicheren Hafen, zu dem Kunden immer zurückkehren.*
Sprecher:	*Sewell Village Cadillac, Lemmon Avenue bei der Universität.*
Hintergrund:	*Musik, Straßenlärm und das Geräusch von Oldtimern und Hupen.*
Sprecher:	*Wir schreiben das Jahr 1911. Die Röcke sind kürzer, Familie ist in, und Amerika hat sich in diese neue Erfindung – das Auto – verliebt. Die Sewell-Familie ergriff die Gelegenheit und verkaufte Autos. Ihr Geschäft basierte auf einem einfachen Grundsatz: Behandeln Sie den Kunden so, wie auch Sie behandelt werden möchten. Dieser Grundsatz wurde über die Jahre weitergetragen in einer Familie von sechs Handelsniederlassungen.*
Hintergrund:	*Straßenlärm und Geräusche moderner Autos.*
Sprecher:	*Wir schreiben 1990. Die Röcke sind kürzer, Familie ist in, Amerika liebt das Automobil. Und jede einzelne Sewell-Niederlassung basiert immer noch auf diesem einfachen Grundsatz: Behandeln Sie den Kunden so, wie auch Sie behandelt werden möchten. Je mehr sich die Dinge verändern, desto mehr bleiben manche Dinge gleich.*
	Sewell Village Cadillac-Sterling, Sewell Oldsmobile, Sewell Buick-Hyundai und Sewell Lexus. Eine Familientradition der Dienstleistung seit 1911.
Hintergrund:	*Musik und Schluß.*

Diese Spots werden unsere Produkte hoffentlich verkaufen. Ich glaube nämlich nicht an aggressive Werbung oder an solche, die Leute in die Irre führen. Solche Werbungen gehen vielleicht ein Jahr lang, aber sie werden sich am Ende nicht bezahlt machen. Wenn Sie einen Hauch von Klasse in Ihre Werbung einbringen, werden sie aus all den knalligen und lauten Werbungen hervorstechen. Diese Art von Werbung ist mir unangenehm. In unseren Betrieben gibt es keinen Lärm, also sollten wir auch keine kreischenden Werbungen haben.

Obwohl Sie mit Ihrer Werbung Produkte verkaufen wollen, bedenken Sie immer, daß Ihre Werbung widerspiegelt, wer Sie sind.

Wenn wir schon sprechen, sprechen wir nicht vom besten Service in der Stadt und wie hilfsbereit und umsorgend unsere Mitarbeiter sind. Jeder macht so seine Werbung, auch wenn es nicht stimmt. Die Kunden glauben diese Aussagen einfach nicht mehr.

Anstatt es zu behaupten, versuchen wir es zu beweisen. Die meisten unserer Werbungen preisen unsere kostenlosen Leihautos und unseren Samtagsservice an. Diese anschaulichen Beispiele verdeutlichen den Leuten, was wir eigentlich wollen. Wenn die Kunden dann unseren Service kennenlernen und sehen, daß wir sie gut behandeln (und die Arbeit gleich beim ersten Mal richtig machen), ist es der Zuckerguß auf der Torte. Das ist das Ausschlaggebende, um die Leute zum Zurückkommen zu bewegen.

CHECKLISTE

- **Erstklassig. Geschäfte, die hier versuchen, die billigsten Preise zu haben, werden schließlich Bankrott machen. Fühlen Sie sich nicht gezwungen, in Ihrer Werbung Preise anzugeben. Statt dessen versuchen Sie mitzuteilen, was Ihr eigentlicher Anspruch ist.**
- **Zeigen, nicht erzählen. Das Spezielle schlägt das Allgemeine immer. Behaupten Sie nicht, daß Sie die freundlichsten Angestellten haben. Geben Sie den Kunden Beispiele, was Ihre Mitarbeiter für Kunden getan haben oder tun werden. Lassen Sie den Kunden selbst zu dem Schluß kommen, daß Sie den besten Service in der Stadt anbieten.**
- **Sie sind die Botschaft. Mit allem, was wir tun, vermitteln wir sowohl unseren Kunden als auch unseren Angestellten die Botschaft, welche Art von Betrieb wir führen und was wir als wichtig erachten. Details zählen, sei es die Kleidung, die wir tragen, oder die Sprache, die wir gebrauchen, oder das Schreibpapier, das wir wählen.**
- **Nehmen Sie sich die Zeit, die neuesten Veröffentlichungen über Auflagen und Reichweiten zu studieren (in Deutschland z. B. die Nielsen-Zahlen für Zeitungen). Dieser Kram ist nicht so kompliziert wie Nuklearphysik, egal was der Anzeigenakquisiteur sagen mag.**

Kapitel 33

Verkaufsförderung: Go-go-Girls oder Symphonieorchester?

Unsere Verkaufsförderung soll wie unsere Werbung eine Beziehung zu unseren Kunden aufbauen. Wenn die Kunden an Sewell Lexus oder Sewell Village Cadillac denken, wollen wir, daß sie mit uns ein klares (und hoffentlich positives) Bild verbinden. Unsere Verkaufsförderung bietet auch die Möglichkeit, unserem Geschäft Persönlichkeit zu geben.

Als ich in Dallas aufwuchs, war Neiman-Marcus das Geschäft. Es setzte den Standard für den Einzelhandel in ganz Texas. Es hatte die beste Ware, die Verkäufer waren die hilfsbereitesten und wenn man ein Problem mit den eingekauften Waren hatte, nahmen sie diese anstandslos zurück. Keine Frage. Aber Stanley Marcus wollte auch, daß sein Geschäft für „Spaß" stand. Daher gibt es dort jedes Jahr das extravagante Weihnachtsgeschenk.

Wir dachten über Neiman-Marcus' Öffentlichkeitsbild nach – und warum Automobilhändler in der Öffentlichkeit nicht das gleiche warme Gefühl hervorrufen –, und wir entschieden uns dafür, daß unsere Verkaufsförderung zeigen muß, daß wir nicht wie jeder andere Autohändler sind.

Wir begannen damit, unsere Kunden zu einer jährlichen Party einzuladen, bei der wir die Autos des Modelljahres vorstellten. Wir servierten Champagner, Roastbeef und ausgewählte Desserts. Wir engagierten eine Musik-Band, statteten alle unsere leitenden Angestellten und Verkäufer mit schwarzen Anzügen aus und machten viel Wirbel um die Präsentation der neuen Autos. Wir versuchten keineswegs, unseren Gästen ein Auto zu verkaufen – obwohl, wenn sie es unbedingt wollten, taten wir es auch. Wir wollten lediglich den Beginn der neuen Autosaison feiern und unseren Kunden dafür danken, daß sie bei uns in der Vergangenheit eingekauft hatten.

Das war der Anfang, und dann versuchten wir jedes Jahr etwas Außergewöhnliches zu tun. Larry Hagman eröffnete unsere neue Cadillac-Niederlassung, als wir in unsere neuen Gebäude einzogen. Das war während des Sommers: „Wer erschoß J. R.?“ und es kamen mehr als 5000 Leute, um ihn zu sehen.

(Wir hatten alle unsere Kunden eingeladen, aber dann gab es Mundpropaganda, und es schien, als ob jeder kommen wollte, um J. R. zu sehen. Wir entschieden uns letztlich dafür, daß jeder kommen könne, der mit einem Cadillac vorfuhr. Die Leute kamen aus ganz Texas. Wir hatten genügend Platz, um 500 oder 600 Autos zu parken, und das war keineswegs genug. Die Leute bezahlten unsere Nachbarn rund um das Händlergelände, um bei ihnen parken zu dürfen, so wird es auch bei Footballspielen gemacht. Es war einfach herrlich.)

Verkaufsförderung lenkt die Aufmerksamkeit auf Ihre Firma. Vergewissern Sie sich, daß jedes Detail abgestimmt ist. Ansonsten werden die Leute einen falschen Eindruck gewinnen, was viel schlimmer ist, als gar keine Verkaufsförderung zu betreiben.

Wir hatten Ausstellungsstücke der „Cowboy Hall of Fame“, und wir ließen den örtlichen Modellbahnverein eine Ausstellung machen. Auf diese Weise konnten alle Väter ihre Sprößlinge mitbringen und alle Kinder ihre Väter. Wir sind uns nicht sicher, wer wen brachte. Und weil jeder gutes Essen liebt, laden wir von Zeit zu Zeit einen ausgezeichneten Küchenchef ein. Paul Prudhomme kochte in Dallas und New Orleans für uns, und der legendäre texanische Küchenchef Don Strange war auch schon bei uns.

Alle diese Aktivitäten ziehen nun die Aufmerksamkeit auf unseren Betrieb, aber das ist wirklich nicht der einzige Grund für diese Aktionen. Zuerst wollen wir den Leuten danken, daß sie mit uns Geschäfte gemacht haben. Das ist wichtig, Sie können Ihren Kunden nicht genug danken. Zweitens, und das ist der Hauptgrund, versuchen wir eine Beziehung zu unseren Kunden aufzubauen, um ihnen dadurch einen weiteren Anlaß zu geben, mit uns Geschäfte zu machen.

CHECKLISTE

- Jede Werbeaktion erzählt eine Geschichte – oder sollte es zumindest. Sicherlich, Werbung ist Spaß und sollte Aufmerksamkeit erwecken, aber Sie sollten auch daran denken, welchen Effekt sie auf Ihr Öffentlichkeitsbild hat. Das Fördern des örtlichen Symphonieorchesters sagt etwas aus. Eine Go-go-Girl-Schau sagt auch etwas aus.
- Wenn Sie im Zweifel sind, laden Sie einfach Ihre alten Kunden ein. Interessenten zu einem Footballspiel einzuladen ist so amerikanisch wie Apfelkuchen. Aber halten Sie es nicht für selbstverständlich, daß Ihre derzeitigen Kunden immer wiederkommen. Sie sind der Grund für das Bestehen Ihrer Firma.
- Fangen Sie es richtig an. Eine Werbeaktion ist eine große Sache. Sparen Sie nicht. Machen Sie viel Aufsehen. Engagieren Sie eine Musikgruppe. Schmücken Sie das Geschäft mit frischen Blumen. Behalten Sie immer im Kopf, daß Sie etwas machen wollen, das lange in Erinnerung bleibt. Oder wollen Sie lieber, daß sich die Leute an lauwarme Limonade und lasche Brezeln statt an Champagner und Krabbenhäppchen erinnern?

Elf

Halten Sie die Beziehung zu Ihren Kunden lebendig

Kapitel 34

Der 332 000-Dollar-Kunde

Wie Sie ja schon wissen, glaube ich an Manieren, „bitte" und „danke" und „gnädige Frau" und „gnädiger Herr". Macht es sich bezahlt, höflich zu sein, einen schönen Ausstellungsraum zu haben, Leute mit Respekt zu behandeln? Sie können darauf wetten. Auf lange Sicht werden wir mehr Geschäft machen, weil wir uns um unsere Kunden kümmern und ihrer Probleme annehmen.

Wird diese Art jedem gefallen?

Nein.

Gibt es Leute, die jeden Dollar zweimal umdrehen?

Ja.

Diese Sorte von Leuten geht vielleicht gerne zu „Sears", um einen Ölfilter zu kaufen, und dann zu „K. Mart", um dort das Öl im Sonderangebot zu bekommen. Dann sind sie davon überzeugt, daß sie sieben Dollar gespart haben, und legen sich fröhlich unter ihre Autos, um selbst Öl und Ölfilter zu wechseln. Sie haben unseren Preis geschlagen, aber sie mußten drei Stunden ihrer Freizeit opfern.

Wieviel gibt ein Mensch im Laufe seines Lebens bei Ihnen aus? Das ist die Frage, die wir uns jedesmal stellen, wenn wir einen Kunden treffen. Sie wollen nicht nur einmal mit jemandem ein Geschäft abschließen; Sie wollen ihn für immer als Kunden behalten. Wir wollen einem Kunden nicht nur ein Auto verkaufen, sondern zehn oder zwanzig in den nächsten Jahren.

Unternehmen wir also besondere Anstrengungen für jemanden, der vielleicht zwanzig Autos kaufen wird? Sie können darauf wetten.

Aber die meisten Leute wissen etwas Besseres mit ihrer Zeit anzufangen, als drei Stunden lang Öl zu wechseln. Sie wollen möglichst wenig Unannehmlichkeiten im Leben. Wenn sie einkaufen, dann wollen sie eine nette Umgebung. Wir geben ihnen eine solche Umgebung; nicht weil wir ihnen ein Auto verkaufen wollen, sondern weil wir dadurch die Möglichkeit haben, ihnen vielleicht zehn oder zwanzig zu verkaufen.

Das ist die Anzahl an Autos, die man sich während seines ganzen Lebens kauft, und da kommt eine ganz schöne Summe zusammen. Wenn ein Auto 25 000 Dollar kostet, kosten zwölf Autos 300 000 Dollar. Zusätzlich haben Sie noch die Teile- und Servicearbeiten. In unserem Fall kommt man auf eine Summe von 332 000 Dollar. Jedesmal, wenn Sie die Chance bekommen, einem Kunden etwas zu verkaufen – sei es eine Packung Kaugummi oder ein Auto –, müssen Sie darüber nachdenken, wieviel er Ihnen in Zukunft abnehmen wird.

Es gibt da die Theorie des Wellenschlagens, die erklärt, warum Sie Kunden so behandeln sollten. Wenn wir wirklich gute Arbeit verrichten, werden es unsere Kunden ihren Freunden weitererzählen. Diese Mundpropaganda ist erfolgreicher als jede Fernsehwerbung. Tatsächlich ist unsere Werbeaussage: „Fragen Sie jemanden, der einen unserer Wagen fährt." Wenn die Leute unsere Kunden fragen, wie wir unsere Sache machen, haben wir viel größere Chancen, daß diese Leute auch unsere Kunden werden.

Und jedes Auto, das wir an den Freund eines Kunden verkaufen können, repräsentiert wieder ein Potential von 332 000 Dollar.

Wenn wir also unsere Kunden wie einen Ehepartner, Elternteil oder Freund behandeln, ist das nicht nur Selbstlosigkeit. Wir werden alle von Eigeninteresse geleitet. Wir denken daran: „Was springt dabei für mich heraus?" Und wenn wir Leute auf positive und angenehme Art behandeln, werden wir mehr Geschäft machen als bei rauher und einschüchternder Behandlung. Die Leute, denen es gefällt, andere unhöflich zu behandeln, kümmern sich nicht darum, ob ihre Kunden zurückkommen.

Nun gibt es Orte, wie zum Beispiel „Sears", wo man schon von vornherein weiß, daß man nicht zuviel Service erwarten darf. Man geht nur aus einem Grund dorthin, und das ist der Preis. Aber deswegen sind wir nicht im Geschäft. Wir versuchen eine angenehme Erfahrung zu verkaufen, das ist, wie in einem feinen Hotel abzusteigen. Sie zahlen gerne ein bißchen mehr, weil man so nett zu Ihnen ist. Da ist das Stückchen Schokolade auf Ihrem Kopfkissen, die Dusche gibt nicht nur zwei Tropfen her, sondern einen vollen Strahl, und die Handtücher sind groß und flauschig.

Die Kosten für diese angenehme Umgebung kommen freilich zu unseren Kosten hinzu – aber wir gewinnen dadurch auch an Größe. Daher sind unsere Margen nicht so groß wie bei anderen, aber wir bringen trotzdem genausoviel Geld auf die Bank. Warum? Weil wir uns um unsere Kunden kümmern und sie daher wiederkommen und ihre Freunde mitbringen. Daher glauben wir, daß wir eine lange, lange Zeit im Geschäft bleiben werden.

CHECKLISTE

- **Spielen Sie nicht. Betrachten Sie die Kunden nicht als Leute, die einmal etwas kaufen und dann für immer verschwinden. Tun Sie alles, was in Ihrer Macht steht, um die erste Erfahrung und alle folgenden für den Kunden so angenehm wie möglich zu machen. Wenn Sie das befolgen, werden die Kunden wiederkommen. Wenn Sie Motivation brauchen, denken Sie an all das Geld, das die Kunden im Laufe ihres Lebens bei Ihnen lassen werden.**
- **Bleiben Sie am Ball. Sie sollten wissen, wer Ihre 332 000-Dollar-Kunden sind, und sie dementsprechend behandeln. Obwohl Sie auch zu allen anderen nett sind, sollten Sie diesen Leuten zusätzliche Aufmerksamkeit schenken. Sie sollten niemals warten müssen oder unerfüllte Wünsche haben.**
- **Was verkaufen Sie wirklich? Die meisten Leute kaufen Lösungen und nicht Produkte. Oft geben sie lieber etwas mehr aus, um Zeit einzusparen.**

Kapitel 35

Wie man seine Fehler wiedergutmachen kann

Wenn Sie die Leute richtig behandeln, werden sie Ihnen zumindest einmal, wenn nicht zweimal Fehler verzeihen.

Das geschieht aber nicht automatisch. Es funktioniert ungefähr wie ein Bankkonto. Jedesmal wenn wir etwas richtig machen, wird es der Kunde auf unserem Konto gutschreiben. Jedesmal wenn wir etwas falsch machen, wird er es uns abziehen – aber ein Abzug entspricht ungefähr zehn Gutschriften. Solange wir also einen positiven Saldo haben, wird der Kunde uns vergeben.

Das ist die Hauptsache. Denken Sie an all die Male, an denen Sie zu einem neuen Restaurant gegangen sind, nur um herauszufinden, daß der Service unzureichend oder das Essen schlecht war. Sie sind wahrscheinlich nicht wiedergekommen. Sie hatten dazu keinen Anlaß. Die Beziehung war es einfach nicht wert, fortgesetzt zu werden.

Alles, was Sie brauchen, um Fehler richtig zu bewältigen, haben Sie bereits im Kindergarten gelernt: den Fehler anerkennen, sofort berichtigen und sich entschuldigen. Wahrscheinlich werden Ihnen Ihre Kunden, wie früher Ihre Eltern, vergeben.

Aber hoffentlich haben wir ihnen einen Grund gegeben, zu uns zurückzukommen, auch wenn wir uns geirrt haben. Vielleicht erinnern Sie sich daran, daß wir in der Vergangenheit immer höflich gewesen sind und die Arbeit richtig gemacht haben. Oder daß der Kundendienstberater immer wußte, welches Öl Sie für Ihr Auto wollen, und auch weiß, daß Sie jeden Mechaniker erschießen würden, der es wagen sollte, in Ihrem Auto zu rauchen.

Die Kunden erinnern sich, daß wir besorgt sind und daß wir große Anstrengungen unternehmen. Wenn wir also einen Fehler machen, sind sie oft bereit, uns zu vergeben.

Unser Ziel ist es, niemals einen Kunden zu enttäuschen. Wenn Sie einmal eine Beziehung zu Ihrem Kunden aufgebaut haben, wird er Ihnen einen Ausrutscher verzeihen.

CHECKLISTE

- Sie haben sich einen guten Ruf aufgebaut . . . verderben Sie ihn nicht. Wenn Sie etwas falsch gemacht haben oder der Kunde das glaubt, geben Sie es gleich zu und lösen Sie das Problem.
- Sie müssen nichts dafür bezahlen. Eine ernsthafte Entschuldigung und Richtigstellung löst fast immer das Problem.
- Machen Sie nicht eine Gewohnheit daraus. Nur die Tatsache, daß Sie schon seit langem guten Kundenservice anbieten, erlaubt dem Kunden, Ihnen zu vergeben. Nutzen Sie seine Gutmütigkeit aber nicht ein zweites Mal aus.

Kapitel 36

Diese Arbeitsweise funktioniert wirklich

„Ichiban" funktioniert.

Ich glaube, unsere Aufzeichnungen beweisen, daß unsere Bemühungen um den Kundenservice zu einem profitableren Geschäft führen. Wenn wir unser System den Leuten erklären, verstehen sie intuitiv, warum es funktioniert. Sie sagen zum Beispiel: „Sicher, wenn Sie mich richtig behandeln, werde ich wahrscheinlich bei Ihnen kaufen und als Kunde bei Ihnen bleiben."

Die meisten sagen das. Die meisten – aber nicht alle. Es gibt Menschen, für die das alles zu gefühlsduselig ist.

Ich wurde der Leute überdrüssig, die uns vorwarfen, daß wir unser Geld verschwenden, weil wir unsere Kunden verwöhnen. Sie sagten, daß unser Erfolg reines Glück sei. Daher fragten wir J. D. Power and Associates – das ist ein unabhängiges Forschungsinstitut, das für seine Auto-Qualitätseinstufung bekannt ist –, ob sie uns einstufen könnten. Sie befragten unsere Kunden, ohne ihnen mitzuteilen, für wen sie arbeiten. Ich hoffte, daß dieser Bericht beweisen würde, daß wir mit unserem Anspruch an Kundendienst auf dem richtigen Weg seien, und uns außerdem auf Dinge bringen würde, die wir noch verbessern könnten.

Die Ergebnisse waren erfreulich. Wer würde es nicht wollen, daß anerkannte Experten das Folgende über seinen Betrieb sagen: „Sewell Village leistet Beispielhaftes, um die Kunden zufriedenzustellen. Die Stärke des Händlerbetriebes liegt in der extrem positiven Beurteilung durch den Kunden."

„Wenn Sewell Village Cadillac offiziell an der Studie teilgenommen hätte, würden sie zusammen mit dem diesjährigen Sieger – Acura – an erster Stelle liegen."

So begann der Bericht. Dave Power schrieb, daß unsere Punkteanzahl im Kundenservice um 31,5 Prozent höher lag als der nationale Durchschnitt und daß unsere Mitarbeiter hervorragend seien. Zum Beispiel besiegten sie Cadillac landesweit mit 45 Prozent für die Leistung der Kundendienstberater, und Cadillac wurde als beste einheimische Marke bewertet.

Es gab weitere gute Neuigkeiten, wie die folgende Tabelle zeigt:

Klassifizierung der Qualität der Händlerbetriebe	**Sewell**	**Cadillac landesw. Durchschn.**	**Höchstwerte Cadillac landesw. Durchschn.**
Höflichkeit gegenüber Kunden	84 %	54 %	56 %
Einfachheit der Terminvereinbarung	75	54	39
Hilfsbereitschaft des Personals	75	49	53
Wissen des Personals	66	42	57

Unsere Mitarbeiter schnitten also wieder einmal sehr gut ab; jeder, der kein „ausgezeichnet" abgab, beurteilte mit „sehr gut".

„Man kann sich schwer vorstellen, daß ein Händler besser bewertet wird", schrieb Power, und er setzte hinzu, daß die Bewertung der Kundenzufriedenheit genauso gut war wie bei Acura. Acura wurde als Nummer eins in der Kundenzufriedenheit geführt.

Dennoch befürchtete ich, daß diese Daten nicht genug seien, um Skeptiker zum Schweigen zu bringen.

Und dann fand ich es. In der Umfrage kamen zwei Fragen vor, die den Punkt behandelten, ob guter Kundenservice zu höheren Verkäufen führt oder nicht.

Power fragte unsere Kunden und jene anderer Händlerbetriebe landesweit, ob sie „sehr zufrieden" sind mit dem Auto, das sie gekauft hatten. Das ist eine hinterhältige Frage, weil ja die Autos, die wir bekommen, sich keineswegs von den anderen unterscheiden.

Trotzdem also unsere Autos die gleichen sind, war unser „Sehr zufrieden"-Prozentsatz um 25 Prozent höher als der nationale Durchschnitt. Unsere Kunden hielten mehr von dem Auto, und dies ist auf unseren Kundenservice vor und nach dem Kauf zurückzuführen.

Wenn das wahr ist, sollten wir eigentlich mehr Stammkunden haben als andere Händler. Und Power fand heraus – wie Sie auf der nächsten Seite sehen können, daß dem auch so ist.

Diese Studie beweist also, daß wir keineswegs Geld verschwendet haben, als wir unsere Kunden verwöhnten. Diese Art Geschäfte zu machen ist angenehm, und was noch viel wichtiger ist: sie funktioniert.

Prozentsatz der Befragten, der angab, daß sie die gleiche Marke noch mal oder nicht mehr kaufen würden	**Sewell**	**Cadillac national**
Sicherlich wieder	47 %	35 %
Möglicherweise	9	13
Nie wieder	3	9

CHECKLISTE

- **Lassen Sie andere Einblick nehmen. Auch wenn Sie Ihre Kunden regelmäßig befragen, sollten Sie regelmäßig (z. B. alle drei Jahre) einen Experten kommen lassen, der nachforscht, was passiert. Dies erlaubt nicht nur eine zweifache Kontrolle Ihrer eigenen Befragungen, sondern der Experte wird Ihnen auch sagen können, wie Sie im landesweiten Vergleich zu den anderen liegen.**
- **Halten Sie nach Positivem und Negativem Ausschau. Sie wollen sicherlich, daß der Experte Dinge herausfindet, die noch verbessert werden müssen. Aber vergessen Sie nicht, aus den Dingen, die Sie positiv bewerten, Kapital zu schlagen.**
- **Danke. Ich hoffe, Sie fanden einige nützliche Ideen.**

Nachwort von Stanley Marcus

Was Sie soeben zu Ende gelesen haben, ist etwas, das Sie nicht in allzu vielen Büchern finden werden – Hausverstand, einfach dargestellt.

Der Autor – Carl Sewell – hat die Gabe, Probleme zu definieren und sie in kleine Einzelteile zu zerlegen, die dann gelöst werden können. Außerdem hat er die Fähigkeit, klar zu denken. Er schreibt, wie er spricht, und er spricht, wie er denkt.

In diesem Buch erzählt er, wie er mich als Berater engagiert hat, aber er erzählt nicht die ganze Geschichte. Meine Antwort auf seine Anfrage war, daß ich sowenig über Autos wisse, und ich zweifelte daher daran, eine große Hilfe für ihn zu sein. Seine Antwort war, daß er nichts über das Auto zu lernen brauche, aber mehr über das Führen eines Betriebes, der Luxusprodukte verkauft.

Carl wußte, daß die einzige Exklusivität, die er jemals im Automobilgeschäft besitzen könnte, eine überdurchschnittliche Qualität des Service sei. Er ging also mit Eifer, Vorstellungsvermögen und Vernunft an die Sache heran.

Kürzlich sprach ich zu einer Gruppe von europäischen Industriellen, die nach Amerika gekommen war, um herauszufinden, wie manche amerikanische Firmen einen derartig hohen Servicestandard erreicht haben. Ich sagte ihnen, daß sie zuallererst ihre Kunden respektieren müssen. Zweitens müssen sie die Kunden lieben, schließlich würden sie sie vergöttern.

All das ist es, was Carl Sewell so gut versteht und das er mit solcher Ernsthaftigkeit aufgebaut hat. Es ist so einfach, daß es wirklich verwunderlich erscheint, daß nur so wenige seinen Stil kopiert haben. Carl kümmert sich wirklich um den Betrieb, und das ist am schwersten nachzuahmen. Beim Lesen dieses Buches wird es offensichtlich, daß er „von seiner Mutter richtig erzogen“ wurde.

Das ist nicht nur das richtige Buch für Leute, die Automobile bauen oder verkaufen, sondern es ist gleichermaßen gültig für alle, die etwas an den Endverbraucher verkaufen.

Wenn Sie aus diesem Buch nichts lernen, so liegt es an Ihnen.

Danksagungen (unseren Heldinnen und Helden)

HINTER DER BÜHNE (In Wirklichkeit erschaffen sie die Bühne.): Barbara Bouyea, Jud Chapin, Roger Crownrich, Jim Gibbon, Brock Hannan, Connie Jackson, Stan Carman, Scooter Galt, John Littlefield, Bob Obele, Don Powell, Ross Puskar, Bill Reed, Jim Rimelspach, Gale Sliger, John Stallings, Harry Wallis, Captain White, Trisha Wilson, Beth Wright.

CADILLAC: (Im folgenden die Menschen, die sich die Zeit genommen haben, mich zu unterstützen, und – was noch wichtiger ist – sie sind diejenigen, die sich sehr für Cadillac engagieren und viel zu seiner Wiederauferstehung beigetragen haben.) Gary Cowger, John Deere, Bob Dorn, Bill Flynn, Pete Gerosa, John Grettenberger, Warren Hirschfield, Tim Jones, Jerry Kitzmiller, Jim Kornas, Peter Levin, Bill Lewellen, Frank Liebgott, Alex Morton, Dave Nottoli, Karl Pierce, Jeff Pritchard, Braz Pryor, Rosetta Riley, Dick Ruzzin, Steve Seaton, Ellie Torre, Dick Welday, Dee Wood.

FREUNDE (die zu diesem Buch beigetragen haben): Wick Allison, Ken Batchelor, Berry Cash, Al Casey, Baron Cass, Handley Dawson, Jr., Hank Faulkner, Jerry Ford, A. T. Higgins, Alen Hollomon, Ray Hunt, Taka Inayama, Erik Jonsson, Jack Knox, Bernie Kraft, Stanley Marcus, Ted McLaughlin, Bob Moore, Roger Penske, Ross Perot, Bill Piercy, Hal Quinley, Leonard Riggs, Doug Shamburger.

GENERAL MOTORS (Ich schulde den folgenden Menschen ewigen Dank. Sie wissen warum.): J. T. Battenberg, Dick Bugno, Keith Crutcher, Dennis Dreyer, Mike Grimaldi, Bill Hogland, Don Hudler, Skip LeFauve, Dennis Little, Mike Losh, Larry Lyons, Bud Moore, Jim Perkins, Knox Ramsey, Lloyd Reuss, Pat Roberts, Sue Scheuermann, Ed Schreitmueller, Gary Sigman, Jack Smith, Bob Starr, Bob Stempel, Tom Stephens, Dale Sullivan.

LEXUS (Diese Menschen haben es beim ersten Mal richtig gemacht und verkörpern das „unnachgiebige Streben nach Perfektion"): Mack Arai, Dick Chitty, Scott Gilbert, Hiro Hatanaka, Dave Illingworth, Akio Kamiya, Bob McCurry, Don Stephenson, Steven Tolerico, Yukiyasu Togo, Tetsuro Toyoda, Mindy Weiman-Geller, Dean Workman.

LEHRER: Len Berry, Pete Bradshaw, Edwards Deming, Eliyahu Goldratt, Pauline Graivier, Wayne Hawkins, Stanley Marcus, Steve Mulvany, Mike Nichols, Taiichi Ohno, Tom Peters, Les Silver, Genichi Taguchi, Jack Williams.

Bei den folgenden Leuten weiß ich nicht, wie ich sie einordnen soll, aber sie haben mir sehr geholfen: Larry Adams, Ralph Barnes, Dick Becker, Don Bowles, Tom Cantrill, Tom Dunning, George DuPont, Jim Hradecky, Don Keithley, Stew Leonard, Sr., Stew Leonard, Jr., Graham Morris, Dave Power, Liener Temerlin, Lee Wilkins.

Im folgenden die Menschen, die unsere Firma erfolgreich gemacht haben. Ich hoffe, ich kann ihr Vertrauen rechtfertigen.

SEWELL BUICK-HYUNDAI: Joe Alexander, Aubrey Austin, Brenna Beddingfield, Ryan Bevington, Charles Breedlove, Larry Buie, Victor Burns, Ann Butsch, Richard Butsch, Scott Chadwick, L. C. Chatham, Ganeen Colgrove, John Condron, Bettye Cromeans, Gary Cromeans, Mark Daniels, Diane Doggett, Ted Dooley, Jim Echols, Tammy Edney, Cheryl Elliott, Cedric Farmer, Tony Froning, Milton Galbreath, Jimmy Gilbert, Lynette Green, Paul Harding, Rick Hawksley, Kevin Howe, Mary Howe, Glaze Hutchins, Vance Jackman, Mark Jenkins, Carrie Johnson, Terry Johnson, Kathy Jondle, Sharon Keuper, Eddie Krause, Gary Lacy, Keith Martin, John Massey, Dave Mataczynski, Melissa McClure, Tony Morales, Casey Moreland, Louise Moreland, Tamara

Neef, Gary Nichols, Jack Ollie, Donna Parks, Jim Paulk, Bret Poteet, Rodney Richmond, Tony Robertson, Tom Rush, Carl Sandberg, Mark Schulz, Mickey Seiler, Wes Sisk, David Sivils, Alan Sperry, Greg Stovall, Shawn Strange, Suzie Tittle, Lonnie Usery, Mel Warren, Clarence Washington, Dan Weiss, Drew Wight.

SEWELL CADILLAC-CHEVROLET: Pat Alonzo, Willie Barnes, Mark Baudean, Donald Bealer, Joe Raymond Berniard, Larry Bieser, Sarah Blair, Darren Blanchard, Clarence Boone, Patti Bordelon, Smokey Briggs, Miles Caire, Frank Caruso, Jr., Donald Coffelt, Jr., Al Collins, Sam Cormick, Bill Cristina, Jim Davies, Otis Delatte, Wendel Delatte, David Diaz, David Diket, Bill Dunbar, Eric Eilers, Morris Flores, James Foucha, Jr., Eddie Gabriel, Butch Gautier, Archie Gipson, Tom Guercio, David Guess, Jamie Guidry, Eddie Guillot, Gordon Hanna, Leona Harris, Stephanie Held, Alex Hoffman, David Hoover, Jennifer Hornyak, Charley Howley, Larry Hurd, Joshua Johnson, Charlie Jones, Dawna Jones, Michael Jung, Paul Kimble, Tequilla Lation, S. J. Ledet, Steve Lopez, Edward Lott, Mike Mast, Joe Matherne, Ed McCarthy, Jim McGrew, Lewin McNab, Terry McNeal, Scott Michel, Rhonda Montegut, Judy Morrow, Mark Odom, Timothy Palazzotto, Christopher Pattison, Joseph Pepitone, Lucius Perron, Raymel Porché, Jane Price, Linda Reed, Wayne Richard, Tammy Rodrigue, Mickey Roye, Claud Ruffin, Frank Russo, John Russo, Janis Shreve, Joe Sims, Marvin Smith, Patrick Smith, Tom Starnes, Doug Stead, Deloris Stiles, Carol Strunk, Stan Stuart, Mike Symms, George Torres, Leonard Travis, John Triplett, James Warner, Dorothy Wiggins, William Willkomm.

SEWELL LEXUS: Tommy ArMstrong, Tom Batson, Dee Butler, Judy Conley, Tim Darling, Bobby Dawson, Albert Diaz, Phoebe Franco, Dan Frogge, John Godyn, Jim Goodsell, Mary Grether, Steve Holloway, Bruce Hood, Judy Hummel, Elbert Hutchins, Gerald Jackson, Curt Jenkins, Dave Johnson, Greg Johnson, Jo Lacy, Stephan Lauson, David Leffall, Blane Mathis, Cecily McClarin, Bill McKinney, Hoyte Palmer, Bob Perry, Barry Pryor, Aldo Ramirez, R.J. Reynolds, Maritza Richard, Leroy Rush, Steve Salik, Rob Schweizer, Rusty Scruby, Dan Sedelic, Steve Simmons, Mark Smith, Keith Spring, Charisse Stinson, James Thompson, Kelly Vickers, Aaron Windes.

SEWELL OLDSMOBILE: Steve Alsbrook, Tony Ballard, Herman Barge, Willie Cantu, Lee Craig, Richard Creighton, Donald Crum, Jon Davenport, Elijah Dawson, Edd Deen, John Densmore, Mark Downey, Brian Dunne, Bob Eckert, Marcelino Espinosa, Daryl Ewry, James Freel, Robert Fry, Steve Fuentes, Garven Garcia, Leonard Garza, Rita Gibbs, Guy Gimenez, Juan Gomez, Amulfo Gutierrez, Tim Hall, Earl Holcombe, Grover Holder, Joe Johnson, Tim Jones, Fred Katani, Bill Kausch, Joe Koubek, Daryl Kvapil, Renee Landrum, Bernie Maag, Stan Maxwell, Mike Melton, Peggy Miller, Keith Morris, Cecil Pettijohn, Bubba Prewitt, Julie Ramsden, Bob Rayburn, Billy Richardson, Fred Roberts, Kay Schlattweiler, Brent Sharpley, Bob Skrivanek, Larry Smith, Mark Smith, Ismael Soto, Karl Stefankiewicz, Mark Stovall, Carolyn Taylor, Ronnie Thompson, Kelley Todd, Joyce Vantreese, Michael Ward.

SEWELL VILLAGE CADILLAC/STERLING: Charles Abbott, Jeff Allbritten, Chris Allen, Freddy Alvarado, Murray Arbuckle, Serjio Arreola, Dennis Askew, Gary Ault, Juan Ayala, Scott Bachman, Dan Bailey, Dick Baker, Don Bane, Rock Barker, Wiley Barker, Al Barnard, Vanessa Barnett, Robert Barrera, Joy Bastian, Forrest Battle, Greg Baxter, Sarge Beilharz, Billy Joe Bell, Chuck Bellows, Marcus Bills, Jim Bird, Floyd Black, Marc Blades, James Boney, Robert Bradshaw, Lee Braly, Danny Branum, Al Brentlinger, James Brigdon, Lisa Brion, Tony Brown, Duward Burgess, Ed Calbridge, Jack Campbell, Bob Carpenter, Joe Carroll, James Cartridge, Jordan Case, Calvin Choice, Mike Clark, Doyle Clifton, Rich Clonts, Johnny Colbert, Terri Colley, Rick Cowart, Steven Crandall, Curley Crawford, Ron Crawford, Cheri Crow, Harvey Crowley, Alma Cuellar, Mark Culbert, Beth Cunningham, Kevin Danheiser, Keith Daniels, Craig Davenport, Jeff Davis, Rod Davis, Dennis Decet, Clarence Diggs, Joe Diggs, Rick Dralle, Mark Dunbar, Phil Dunnet, Glenn Dzioba, Bob Edwards, Ron Everett, Adolph Farfan, Robert Filosof, A. F. Flentroy, Bruce Foster, Margaret Franklin, Shellie Galloway, Bryan Galt, Juan Garcia, Dan Garner, Jim Gibbs, Chris Gilliland, Craig Given, James Goldenberg, Alan Goss, David Gossett, Eric Green, Richard Greene, Jem Griffin, Othella Gumm, Gus Gustafson, Manuel Gutierrez, Doug Hale, Gene Hale,

James Hall, Mike Hammar, Pete Harding, Jeff Hargrove, Benny Harris, Sandy Harwood, Frank Head, Lynn Heath, John Heuss, Richard Hitzfield, Vic Hitzfield, William Hix, Grover Holder, Barbara Hollenbeck, Mike Hooper, Sandy Howard, John Huff, Willie Hutchins, Tim Ihrig, Yvonne Jackson, Delores Jefferson, Jimi Johns, Daren Johnson, David Johnson, Lou Johnson, Frankie Jones, Phil Jones, Phil Jordan, Scott Kapes, Jill Keim, Gene Keith, Cindy Kell, Billy Kinney, Norris Kinney, Steve Kittelson, George Klongland, Billy Kuntz, Pat Kuntz, Roger Lackey, Jack Lacy, Ed Landwehr, George Langlais, Ruben Lara, Paul Latham, Mike Lawrence, Young Lee, Mike Lees, Jack Lewis, T. J. Lider, Annie Lightfoot, Jack Lilley, Ernie Longchamp, Darrell Luna, Corey Maples, Marthann March, Jim Martin, Kimberlee Martin, Starla Martin, Jose Martinez, Juan Martinez, Nelson Masi, Conrad Masterson, Pat Maxfield, Hank Mazinski, Don McCants, Daniel McClure, Burke McDavid, Boyne McHargue, Eric McHenry, Harvey McHenry, Don McLaurin, Thomas McTurner, Brent Melton, Mary Moreland, Rusty Moreland, Randy Morrison, Lynn Nitcher, James Novy, Frank Oldfield, Les Oliver, Greg Olson, Neva Owens, Jimmy Pang, Nam Soo Park, Henry Parker, Rich Parker, Paul Patterson, Rickey Peoples, Glen Peters, Melissa Petzold, Kelvin Pleasant, Kyle Pliskal, Shorty Ponce, Brenda Prewitt, Frank Pritzen, Mike Proctor, Julian Quezada, Mary Ransom, Fina Reid, Mario Retta, Bill Richburg, Jim Ringholm, Mike Roe, Cathy Roeder, Charles Rogers, Tiody Rojo, Barry Rubin, Sonny Ruff, Joe Ruiz, Jeff Sabold, Tony Sanchez, Joel Saripalli, Steve Schaffer, Johnny Schoonover, Carole Seidel, Danny Seitzler, Louise Sewell, Chris Shaffer, Tommy Shaffer, Cary Simmons, Rhonda Singer, Red Sledge, Ray Smallwood, Mike Smith, Steven Solaja, Cathy Sorrell, Darlene Stark, Mickey Stewart, Ronnie Stewart, Jeff Summers, Frank Tanner, Mona Taylor, Susan Taylor-Kell, David Thomas, Frank Thompson, Lee Thompson, Debbie Toler, Tommy Toney, Frankie Torres, Jesse Torres, Jesse Trevino, Dan Turk, Erin Urias, Carl Velasquez, Linda Vick, Mike Vogt, Carl Wachholz, Mike Waitkus, Rita Walker, Van Walker, Billy Watkins, Wayne Weehunt, David Weimer, Jack Whillock, Charles Whitlow, Jackie Wilburn, David Wildman, George Wiley, Bob Williams, David Williams, Farrell Williams, Glen Williams, Dawn Williamson, John Willis, Betty Wilson, Charlie Wilson, Trudy Wolf, Jim Wood, Lee Woodall, Gary Wright, Seung Yi, Merle Zachary, Ron Zohfeld, Artur Zwolski.

Für ihre Geduld sollen die Mitarbeiter der Goldhirsh Group herausgegriffen werden. Dank an Bernie Goldhirsh, Joel Novack und (ja sogar) an Mark Reisch.

Da es den Menschen bei „Inc." vorkommen muß, als hätten sie schon seit 1953 von diesem Projekt gehört, ist es nur fair, ihre Großherzigkeit, ihre Vorschläge und ihre Unterstützung anzuerkennen. An George Gendron, Michael Hopkins, Nancy Lyons, Jeffrey Seglin und Sara Noble: Erinnern Sie sich dran, keine gute Tat bleibt ungestraft.

Besonders erwähnen müssen wir Elaine M. Cummings und Jane Yee. Elaine hat nicht nur unzählige Stunden Tonbandaufzeichnungen übertragen sondern mich auch auf die Bereiche aufmerksam gemacht, von denen sie dachte, daß wir sie erweitern sollten. Ihr Instinkt war immer richtig. Jane schaffte es, den Drucker während der endlosen Revisionen am Laufen zu halten und sie hat sich nie beklagt.

Und wir schulden besonderen Dank Harriet Rubin, Cheflektorin bei Doubleday, die – ohne auch nur ein einziges Mal Cowboystiefel angezogen zu haben – dieses Buch sehr viel besser hinbekommen hat, als wir uns je vorstellen konnten.

Janet Coleman wird offiziell als Heilige vorgeschlagen, weil sie dieses Buch lektoriert hat.

Anne Christine Peck, Peter James Peck Brown und Shannon Rachel Peck Brown mußten sich Telefonanrufe frühmorgens und spät in der Nacht gefallen lassen sowie endlose Treffen und dazwischen Flugreisen. Das war für sie bei weitem anstrengender als für mich. Danke.

Zum Schluß eine persönliche Bemerkung von Carl Sewell: Paul Brown hat dieses Buch geschrieben. Er verbrachte zwei Jahre lang Stunde um Stunde damit, zuzuhören, zu organisieren, zu übersetzen und klarzustellen, was ich zu beschreiben versuchte. Ich habe größte Hochachtung vor seinem Können und seiner Professionalität. Er kam als „der Schriftsteller". Er bleibt als Freund.

Besonderen Dank verdienen Ross Puskar und seine Mannschaft bei Puskar, Gibbon und Chapin. Ross hat unzählige Stunden damit verbracht, uns bei all und jedem zu unterstützen; angefangen damit, wie der Buchumschlag aussehen könnte, bis hin zu den Zielgruppenuntersuchungen, die von Yankelovich, Skelly und White/Clancy, Shulman, durchgeführt wurden. Seine Ratschläge wurden immer willkommen geheißen.

Alen Hollomon ist verantwortlich für das Aussehen unserer Gebäude. Er hat Form, Funktion und Dauerhaftigkeit zusammengeführt. Wir stehen tief in seiner Schuld für seinen Weitblick und für seine Arbeit.

John Sewell ist am 5. Mai 1990 an Lungenkrebs gestorben. Er war mein Vetter, mein Lehrer, mein Partner und mein Freund. Wir alle haben so viel von ihm gelernt und wir werden ihn für den Rest unseres Lebens vermissen.

Am allermeisten muß ich meiner Familie danken, die mit meiner Leidenschaft für das Automobilgeschäft gelebt hat und jetzt das Schreiben dieses Buches ertragen mußte. Ich liebe sie mehr als sie wissen.

Notizen

Notizen

Notizen

Notizen